中国海军博物馆展示系列丛书

图说中国古代海军

TUSHUOZHONGGUOGUDAIHAIJUN

中国书籍出版社

中国海军博物馆展示系列丛书

图说中国古代海军

TUSHUOZHONGGUOGUDAIHAIJUN

中国书籍出版社

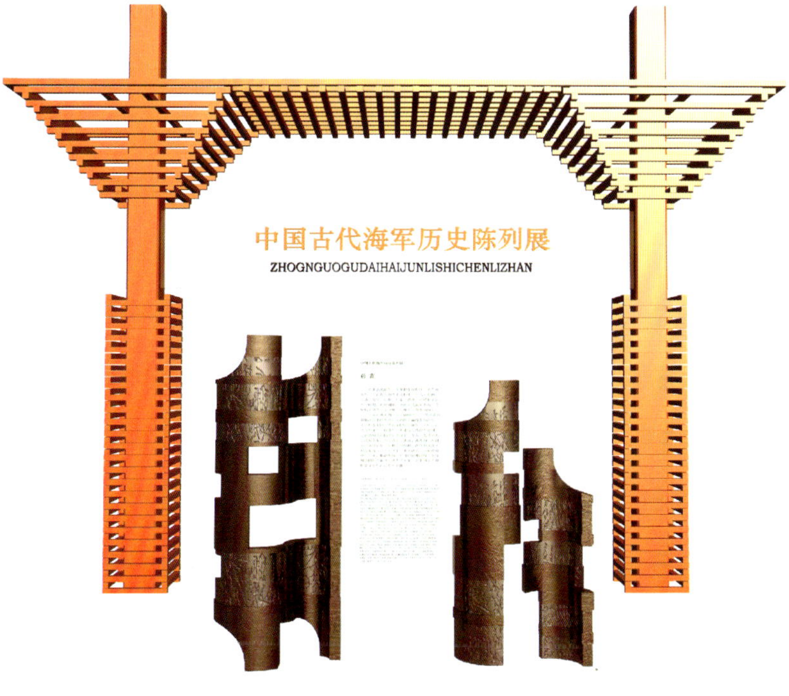
中国古代海军历史陈列展
ZHOGNGUOGUDAIHAIJUNLISHICHENLIZHAN

编委会

编者的话

薛龙奎　杨德昌

中国海军博物馆是中国海军唯一在编的大型军事博物馆，它坐落在我国黄海之滨、著名的旅游胜地、古今海上军事重地——青岛。

1989年10月1日，中国海军博物馆正式对外开放。2001年被中宣部命名为全国爱国主义教育示范基地，2005年被国家发改委、中宣部、民政部、交通部、国家旅游局和国家文物局列为全国红色旅游经典景区，2008年被国家文物局评定为国家一级博物馆，2009年被国防动员委员会评为全国国防教育示范基地。

就其使命职能而言，中国海军博物馆既是一个传承中国海军、世界海军历史与普及海洋、海军科普知识的公众性场所，一个弘扬革命传统、振奋民族精神、加强未成年人思想道德教育的“国防教育基地”、“爱国主义教育基地”和“红色旅游”的集散地，同时，又是一个海军史料的数据库和进行海军历史与学术研究的平台。

根据广大观众的要求和“办一个展览，编一部画册，出一本专著”的工作思路，中国海军博物馆在筹建新馆的基础上，遴选、编纂了这套《图说中国海军》系列画册：《图说中国古代海军》、《图说中国近代海军》、《图说中国现、当代海军》。总计约30万字，配有5000余幅精美图片。它不仅收录了中国海军在各个历史断代、历史时期珍贵的史料，而且还收录了反映和再现一些彪炳历史的重大事件、重要人物的绘画、雕塑等艺术作品。洋洋大观，波光灿烂。读者一册在手，心游历史而情牵海军，感触不尽，思考无穷。

历史总是让人惦记。暗淡了刀光剑影，远去了鼓角筝鸣。历经人世沧桑，岁月磨砺，许多峥嵘往事渐渐湮没于晚岚朝雾、波诡浪谲之中。然而，昨日是源，明日为流。直面历史，守望遗存，不仅使我们对当今中国海军有一种清醒的认识，更对未来的中国海军有一个完整的把握。正如学者所言，不因时光的流逝而割裂我们对过去的热情，热爱历史也正是热爱我们自己。拥有鲜明的历史意识和丰富的历史知识，才能使人类文明薪火相传，才能使人类在历史的长河里自由徜徉，在追古抚今之余，沟通过去、现在和未来，从而开创新的历史诗篇。

这便是我们的策划初衷。期待这套画册成为知识含量高，融思想性、史实性、观赏性于一体，并具有很强可读性的历史普及读物。愿读者喜欢。

十分感激的是，《图说中国海军》系列画册的编辑出版，得到了海军首长、北海舰队首长和各级领导机关的殷切关怀。成书过程中，先后得到了中国人民革命军事博物馆、海军档案馆、解放军图片社、东海舰队军史馆和上海海军博览馆的热情支持，得到了杨谷昌、朱炳仁、张道兴、周永家、王春生、卢中南、肖锋、郑宏志、王勇等艺术大师和著名影视制片人的悉心指导，得到了刘鹭、夏鑫、艾民有、蔡景楷、游健、吴玉麟、徐修伍、张庆涛、石照东、周补田、丁一鸣、王双贵、贾明祖、龙运河、章汉亭、查春明、牟建为、王松岐、钟魁润、张白涛、迟增信等画家、雕塑家、摄影家和展陈设计师的鼎力相助，并吸收了史学界、军事学界高晓星、舟欲行等多位专家的研究成果。值此系列画册付梓之际，谨向关怀和施以援手的各位领导、有关单位、学术界和艺术界同仁致以衷心的谢忱。

前言

PREFACE

中国古代海军，在史籍中称舟师、水军或水师。它在漫长的历史过程中，经历了初创、形成、发展、抗战、拓疆、鼎盛、停滞和衰落8个时期。

追根溯源，中国古代海军不啻一支彪炳于世界军事史林曾经拥有过辉煌的海军。

远在春秋末期（公元前6世纪），随着造船和航海技术的发展以及诸侯争霸战争的需要，中国舟师即中国古代海军便应运而生，此后，历代又有水军、楼船军、水师等古代海军建制。它在2500多年的漫长岁月中，作为一支国家海上武装力量，不仅活跃、征战于我国的江河湖泊，而且在绵亘近40个纬度的广阔的中国海区和远东海区以至大洋上，乘风破浪，开拓疆域，抵御外侮，统一祖国，并且积极开辟海上航线，增进国际交往和沟通人民友谊，对中国文明和世界文明作出过重大贡献。

The ancient Chinese navy was called water force. In the process of long history, it experienced eight periods: initial, formation, development, anti-war, expansion, climax, stagnation and decline periods.

Reviewing history, we can see that the ancient Chinese naval was once really a brilliant navy in the world military history.

As early as the end of the Spring and Autumn Period (6th century B.C.), as the development of ship-building and navigation technology as well as requirements of dukes emperor for supremacy, Chinese marine force, namely Chinese ancient navy, emerged as the times required. Afterwards, a series of ancient naval structural organs successively emerged. In the process of more than 2,500 years, the ancient Chinese navy, as the marine force of a country, not only cruised and fought on rivers, creeks and lakes of the country but also on our territorial waters. It explored territory, unify the motherland and resist foreign invasion in the vast Chinese waters and far-east Asia waters as well as oceans crossing about 40 latitudes. What's more, the ancient Chinese Navy actively explored maritime transportation, strengthened international exchanges and friendship, and made contributions to the Chinese civilization and world civilization.

目录 CONTENTS

目录
CONTENTS

中国古代海军史钩沉

海军中将　丁一平

中国是一个濒海大国，东面和东南面都是海洋，有着长达18，000多公里的海岸线；海岸线外侧有宽广平坦的大陆架，其总面积约338万平方公里，形成了中国沿海四个海盆的基本地形。北部有中国的内海——渤海，其平均深度约18米。紧连渤海的是黄海。黄海是中国大陆北部的太平洋边缘海，平均水深约44米。东海是中国海区中部太平洋边缘海，平均水深44米，海岸曲折多弯，形成许多天然良港。南海是中国海区南部的太平洋边缘海，面积大，平均水深1212米。在中国临海范围内有大小岛屿6500多个。中国位于世界最大的大陆架——欧亚大陆的东南部，濒临世界上最大的海洋——太平洋。中国海区是世界季风盛行区，海区及附近水域，有着对航海活动十分有利的规律性海流。这些优越的地理环境，对于古代以桨或帆为船舶驱动力的航海活动及发展海军都是十分有利的。中国的先民早有航海习惯，据古籍记载，燕、齐、吴、越、粤、闽各地沿海居民多长于航海。

远在公元前6世纪，中国的舟师即已诞生，水战、海战在史籍中均有记载。中国古代的造船技术一直处于世界领先地位，战船在春秋战国时期得到发展，唐宋时期趋于成熟，明代中叶达到鼎盛。战船上使用的各种兵器举世闻名，晋代发明“拍竿”，公元10世纪战船已装有火器，明代又最先发明水雷。中国的舟师在历代战争中起过重要作用，在抵御外侮、援助邻国反抗外敌海上入侵中作出过重要贡献。明代郑和率领船队七下西洋是世界航海史上的壮举。古代中国是东方的海上强国。

中国古代称海军为舟师、水军或水师。舟师的诞生必先有舟。在世界的东方和西方，距今七八千年以前几乎同时出现了原始的筏和独木舟。“刳木为舟，剡木为楫”，就是中国处于原始社会的先民制作独木舟的方法。最迟在公元前17世纪至前11世纪，中国的船舶就已经从独木舟发展到木板船；在公元前11世纪中叶，历史上就有将舟船在战争中用作水上交通运输工具的记载。用于战争的船古代多称为战船。随着木板船和风帆的产生，中国的航海活动起步于夏商周时代。到春秋战国时代，由于生产力和生产技术得到提高，航海经验日渐丰富，天文定向、地文定位、海洋气象、海上导航等航海技术已具雏形。到秦汉时代，中国的航海活动进入发展时期，不但中国沿海全线畅通无阻，而且出现了秦人徐福船队远航日本以及西汉远洋船队驶出马六甲海峡到达印度半岛南端的航海壮举，还在此基础上形成了我国历史上第一条印度洋远洋航线——“海上丝绸之路”。到春秋时代初期，由于冶炼技术的发展已经能生产生铁，后又用铁铸造兵器，近代出土的春秋战国时期的兵器就有剑、漆弩、金戈等。楚国由公输班创制的钩拒为舟师专用的兵器，对敌方战船可“退则钩之，进则拒之”。春秋战国时期，诸侯之间兼并战争连年不断，大国吞大国，大国吞小国，小国吞最小国。军队是阶级斗争的工具，舟师当然也不例外。由于生产力的提高，造船、航海、兵器制造技术的进步，加上诸侯连年征战的需要，舟师便应运而生。据古籍记载，“楚用舟师自康王始”，楚康王元年为公元前559年。又据《左转》襄公二十四年载，“楚子作舟师以伐吴，不为军政，无功而还。”这次水战当在公元前549年。可以认为，中国的舟师最晚在公元前559年至前549年即已诞生，距今已有两千五百多年历史。舟师诞生后，在诸侯征战中起过重大作用。在吴楚之战中，楚国由于未能建立强大的舟师而屡战屡败。在齐吴争霸中，吴国由于经营舟师而一举夺得中原盟主地位。在吴越争霸中，越王发两千熟悉水战的兵士，击败吴军，横行江淮，称霸中原。可见舟师的地位不可忽视，它关系到国家的兴衰。

中国古代海军诞生于春秋战国时期，汉唐时期得到较快发展，宋元明时期达到鼎盛。

中国舰船从独木舟到木板船再到帆船发展的历史与世界各国大体相同，但中国在造船方面有自己独特的贡献，有许多领域处于世界领先的地位。船舶开始只用作战争中的交通工具时，并无战船、民船之分。随着战争的需要，战场由陆地扩展到江、河、湖、海，战船便从一般船舶中分化出来。它的特点是比普通船舶要快，船体高一些，便于居高临下地使用冷兵器，同时船体比较坚固，有一定防护设施，另外是战船种类较多，以便完成水战中各种不同的任务。春秋战国时期，以吴国的战船最著名。“余皇”是吴国君王所乘的“王舟”，体型高大，装饰华丽，性能优良，在水战中作“旗舰”用。“大翼”、

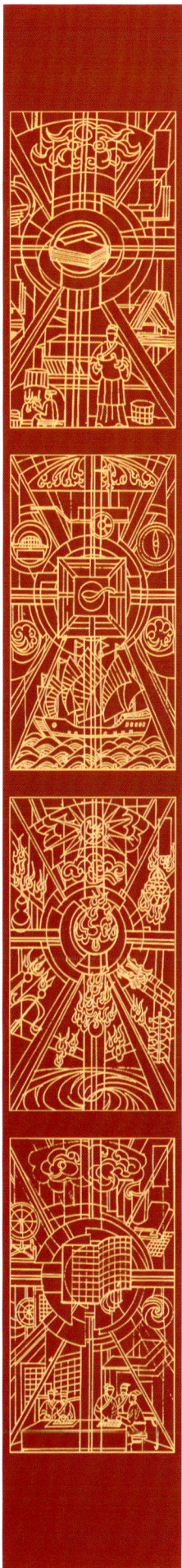

“中翼”、“小翼”合称“三翼”，是内河水战中的利器，快速而灵活。以“大翼”为例，船体宽1.52丈，长10丈，容士兵26人，划桨手50人，操长钩、长矛、长斧者各4人，共90多人。除“三翼”外还有“冒突”，即其船首装有尖硬而伸出的冲角，在水战中利用本身强大的惯性力和冲角撞毁敌船。“楼船”在甲板上设有楼，船体高大，是攻击力和防护力都比较强的一种重武装战船。“桥船”是一种轻捷战船，体积小，速度快，常冲杀在最前面。到了汉唐时期，战船有了新的发展，水师组织更严密、更强大。秦代结束了诸侯割据争霸的局面，建立了封建制国家，经济日趋繁盛。汉代初期实行“休养生息”的政策，历史上曾有“文景之治”之称，经济更加繁荣。科学技术的发展，使造船技术日趋先进。秦代已使用船台来造船，船通过滑道下水。汉代使用铁钉代替木钉和竹钉连接，并采用油灰泥缝技术等先进工艺，提高了船舶的结构强度，使建造更大的木帆船成为可能；汉武帝在长安所造的豫章大船可载千人。橹是汉代船舶推进工具中一个带有突破性的大发明，它的效率比桨高。中国木帆船的出现虽然比古埃及要晚，但后来发展很快，到西汉时已超过西方。汉代已采用多桅多帆，根据风向和风力大小可随时调节帆的位置、角度和帆的面积。舵的出现和普遍使用也比外国早1000多年。

造船业的发展，有了可为水师提供更多更好战船的条件。汉代著名的战船有楼船、艨冲、先登、赤马、斥候、斗舰、走舸等，种类繁多，分工也更细。汉代称海军为楼船军，汉武帝还封大将杨仆为“楼船将军”，由他统领水师，经常远征，去平定割据势力。汉代水师在维护国家统一方面屡建功勋。楼船军在沿江沿海处设有基地。汉代以后直到唐代造船业持续发展。三国时期的吴国造船业发达，以福州为造船中心，吴国拥有各种船舶5000多艘，其大楼船可载3000人。大帆船曾远航东罗马。三国时期的木帆船中有4～7帆的多桅多帆海船，出现了能使前侧风的平衡纵帆，这在帆的发展史上是一次突破。吴国还建造了一个世界上最早的船坞，比英国朴茨茅斯建造的欧洲第一个船坞早1000多年。吴国是以水师立国的国家，它的楼船比汉代楼船更大，最大的楼船设楼五层。“油船”是三国时期一种新型的战船，外裹牛皮当护甲，牛皮上涂以桐油，比东汉时期的“艨艟”又有所发展。吴国重视水师基地建设，今南京、武昌、宜昌等地都曾为吴国水师基地，基地有重兵把守，有完善的港口设施，还有配套的造船工厂、修船工厂和兵器工厂。赤壁之战是三国时期有名的水战，曹、刘、孙陈兵于长江赤壁，20多万水、陆军展开厮杀，结果刘备、孙权的部队大败曹军，创造了以少胜多、以弱胜强的典型水战战例。唐代经济发达，国力强盛，是中国封建社会的盛世，以高度发达的封建文明著称于世。科学技术的进步，国际交往频繁，推动造船业进入了繁荣时期。唐代设立了“水部郎中”和“舟楫署令”等官职，专门管理造船、航运和水上防务。唐代的战船除沿袭前制外，还出现了一些新型战船，其中“海鹘”是唐代水师中一种典型的新型战船，它的特点是头低尾高，前大后小，舷下左右置浮板，在风浪中起减少摇摆的作用。这是一种专门适于在有风浪的洋面上航行和作战的战船。唐代海船工艺技术先进，结构坚固精良，已经采用铁钉连接船板的技术，并有水密隔舱，载重吨位大，无论在近海或远洋航行方面均独步于世界航运界。在北方航路上，与渤海（系国名）、朝鲜半岛、日本列岛的交往非常频繁，并开辟了西北太平洋上的堪察加与库页岛航线以及横越东海的中日南路快速航线；在南洋与印度洋航线上，“海上丝绸之路”绸之路”全面兴旺，航迹不但遍及东南亚、南亚、阿拉伯海与波斯湾沿岸，而且已延伸到红海与东非海岸，开辟了直接沟通亚非两大洲的长达1万多海里的世界性远洋航线。宋元明时代，中国古代海军发展进入鼎盛时期。这时期，造船技术与航海技术均有重大突破，为海军发展提供了雄厚的物质基础。宋代的造船能力很强，全国各地每年造船达3000多艘。宋元时期，中国远洋巨型海船船板有2～3层，有四层舱室，共50～100间舱房，一般有4～6桅，每船有8～10橹，每橹4人。甚至有20橹的船，每橹10～20人，船体采用多道水密隔壁分成很多水密隔舱，一舱或两舱破损进水，船也不会沉没。宋代战船最突出的是车轮船。用于水战的车轮船唐代已出现。欧洲直到公元15世纪才出现车船，而南宋时期车船已很普通，并作为水师中的新型战船列入编制。起义军杨么制造的车船最著名。杨么车船在船型上继承了传统大型楼船的基本特征，船身高大，颇像水中城垒。一般船长二十多丈，高数丈，可载上千人，有三层甲板，底层是水手踏转车轮的场所；中间一层设有弩楼，两舷有许多窗孔，便于弓箭手射击；最上一层四周有半人高的挡板栏杆，居高临下，是士兵投掷石块、鱼叉、挠钩等兵器的战位。每层的沿边处都有竹笆、挡板等遮护物。在船首和船尾中部，设有高大的拍竿，多的有6根，上悬巨石，由辘轳操纵。这种车船的车轮多达32个，时人形容这种车船“以轮激水，其行如飞”。车船的出现，是船舶进入机械推动的第一步。其特点是不受风向、流向的限制；与划桨相比，它变间歇推进为连续推进，速度较快。在南宋时期，车轮战船曾盛行一时。宋代还有一种“铁壁铧嘴船”，这种战船两舷各设三桨二车；船长9.2丈，深5尺，底宽8.5尺。这种船的特点是船首舷部装有犀利的铁制“铧嘴”，形状像犁铧，用以在战斗中冲犁敌船，使敌船水线下舷壳板划开一条长口而进水沉没，这比古代冲角又进了一步。指南针为中国所发明，到宋代指南针已普遍成为海船上必备的导航仪器。宋元时期航海工具，特别是航海技术取得了具有世界意义的重大突破，以罗盘导航、天文定位与航迹推算为标志，中国的航海技术比西方早2—3个世纪进入“定量航海”阶段。12世纪末，中国的指南针经阿拉伯传入欧洲，带来了航海的新时代。元代中国的远洋船已与120个亚非国家和地区建立了海上贸易关系。福建的泉州港已成为当今世界上最大的国际贸易海港之一。元代曾建造大量海船，最大的达到1200吨。元代多次用兵海外，从1274年至1292年共用兵六次，其中五次共造海船9900艘。1274年，元世祖忽必烈派元军和高丽军共2.5万余人、战船900艘远征日本，在日本九州北部以炮火掩护，击败日本海岸守军，后因弹矢用尽、与高丽军不和及遭飓风袭击而告失败。1281年，元世祖又派两支水师东征日本，一支4万人和战船900艘，另一支10万人和战船3500艘。在准备进攻九州太宰府时，元军又遭飓风袭击，大部战船沉没，东征再告失败。但从这两次军事行动中，可看出元代已建立了强大的水师。明代造船比元代又更进一步，把造船业推向鼎盛时期。海船中有名的是沙船、福船、广船和乌船，被称为中国海船中四大船型，饮誉海外。从明朝初年开始，中国的海疆不断遭到倭寇的侵犯。为了同倭寇入侵作斗争，明朝十分重视海防建设。明代海、边防设施采用卫所制度。每卫官兵5600人，设指挥使一员统领；每卫下设千户所5个，每个千户所官兵1120人，设千户一员统领；每个千户所下设10个百户所，每个百户所官兵112人，设百户一员统领。明代初期，北起辽东，南至海南岛共设54个卫，

127个千户所。每个千户所配有战船10艘，每卫所配有战船50艘。明代海防建设的主要特点是：重视岛屿设防;重视战区接合部设防；海防与江防并重；注意水陆军配合。

“钩拒”、“拍竿”和管形火器等装备的出现是中国古代水师的杰出创造。水战的兵器开始时与陆战兵器没有什么区别，因当时水战都是接舷战。春秋战国时陆战的兵器为矛、斧、戈等，水战时把柄加长，成了长矛、长斧、长戈。弓箭在战国时已使用于战船，是一种射程远的兵器。楚国的公输班发明一种水战兵器叫“钩拒”，“退则钩之，进则拒之”，是一种装有铁钩的长竹篙。当敌船来进攻时，它可以用来阻挡敌船靠近；当敌船要逃跑时，它可以用来把敌船钩住。可以说它是当时一种先进的水战兵器。三国时期，诸葛亮发明了一种新式的连弩，称为“元戎”。弩箭为铁制，长八寸。这种连弩一次能连续发射十支箭，提高了弩的发射速度，且轻巧灵便，但射程较近，杀伤力较小。抛车是一种抛掷石弹的兵器，梁元帝时徐世谱把抛车装到战船上称为“拍舰”。到晋代发明了“拍竿”，这是在冷兵器时代战船上威力最大的兵器。它利用杠杆原理，在战船上竖立一根木柱，木柱上支一横杆，横杆一端系上巨石，另一端系上人拉的绳索，水战中当敌船靠近时，将“拍竿”上的巨石移到敌船上空，然后松开人拉的绳索，巨石从空而降砸向敌船，可使敌船毁人亡。这种兵器比抛石机打得准，巨石还可反复使用，这是中国古代独有的水战武器。

火药是中国一大发明。中国远在10世纪初已开始使用火器。13世纪中叶以后，中国的火药和火器制造技术传入阿拉伯国家，再由阿拉伯传入欧洲。从北宋开始，中国兵器的发展进入一个新的历史时期，其主要标志是火器的创制和发展并逐步用于军事。到元明时代金属管形火器普遍使用。中国现在保存下来的铜火铳是1332年制造的，它比欧洲现存最古老的火铳要早差不多半个世纪。但外国的管形火器发展较快，到15世纪中叶以后已赶上和超过中国，因此从16世纪开始中国也输入一些外国火器以提高效能。金属管形火器在明代已装备战船。洪武二十六年（1393年）时规定，在水军每艘海运船上装碗口铳4门、火枪20支及火箭和神箭20支。

明代还发明了水中兵器。明朝为了封锁沿海港口以防倭寇登陆，创制了一种世界上最早的人工操纵水雷。据16世纪末古籍记载，这种水雷叫“水底鸣雷”。欧美各国直到19世纪才在海战中使用水雷武器。1512年明朝水师在水战中曾使用“水老鸦”，这是世界上最早的“鱼雷”。“水老鸦”利用火炮向水中发射，发射后靠自身的动力装置推动雷身前进，抵近目标后利用本身动力再带动“喙”运转，将目标的船底钻一个大洞，使海水灌入而使船沉没。

中国海军史上的一大壮举是郑和船队七下西洋。

郑和（1371～1435），中国历史上伟大的航海家，原姓马，名和，小字三保，祖辈信奉伊斯兰教，父曾长途跋涉，远航到沙特阿拉伯的麦加朝圣。马和生于云南昆阳和代村，12岁到明燕王朱棣藩邸中充任小太监，因工作勤奋，为人机敏，渐为朱棣赏识。在争夺明王位的内战中，马和助朱棣屡立战功。朱棣称帝后把他提升为内官监太监，御赐“郑”姓，从此马和改名郑和，史称“三保太监”。郑和35岁时被朱棣挑选为出使西洋船队的主要组织者与指挥者。从1405年至1433年郑和七次奉命率庞大船队出使西洋，后终因积劳成疾而于1435年病故。郑和率领的船队七下西洋，访问了东南亚、印度洋、红海及非洲东海岸的30多个国家与地区，并经历多次海战，扩大了中外友好关系和经济、文化交流。郑和船队航程之远，历时之久，船的数量之多，吨位之大，在当时是空前的，是中外航海史上的壮举。郑和船队首次远航即由大小208艘船和2.7万余人组成，它集中反映了明初中国远洋海船的实力。以郑和所乘的宝船为例，据史籍记载它长44.4丈、宽18丈，有9桅12帆，它的篷、帆、锚、舵，要二三百人才能操纵。以明代尺换算成米（1明代尺相当于0.311米），宝船长约123.7米，宽约56米。据当代学者推算，其排水量可达2000～3000吨，在当时可以说是举世无双。船队除宝船外，尚有马船、粮船、坐船、战船、水船等，可以说是一支庞大的“特混船队”。这支海上编队队形严整，通信捷便，装备精良。船上兵器除传统冷兵器外，还配备了当时先进的大发熕、碗口铳等管形火器和喷筒、烟罐、火砖等燃烧性火器。船队在七下西洋中历经多次战斗，均取得胜利。

郑和船队七下西洋所取得的成果就是多方面的。郑和船队是15世纪世界上规模最大的远洋船队。与西方地理大发现时代的几支著名的西方远洋船队作一比较，就明显看出郑和船队在世界上的领先地位。1492年，横渡大西洋到达美洲的西班牙哥伦布船队，只有90名水手和3艘轻帆船，其中最大的旗舰“圣玛丽”号不过250吨，与郑和的宝船相比可谓望尘莫及。1497年，绕过好旺角到达印度的葡萄牙达·伽马船队，只有160人和4艘小帆船，主力旗舰120吨，全长不到25米。1519年，进行环球航行的西班牙麦哲伦船队，也只有265人和5艘小帆船，其中两艘130吨、两艘90吨、一艘60吨，其船队总吨位不及郑和的一艘宝船。另外，从大规模航海活动的时间上来看，郑和下西洋始于1405年，比哥伦布到达美洲要早87年，比达·伽马到达印度要早92年，比麦哲伦环球航行要早114年。郑和在世界航海史上的领先地位是毋庸置疑的。郑和船队下西洋的目的不仅仅是为了航海而远涉异域，更主要的是要在政治上建立亚洲国家之间的和平格局，提高中国在世界上的威望；在经济上发展同亚非诸国间的国际贸易；在文化上向亚非各国宣传中国文化，增进相互了解。郑和下西洋在东南亚各国留下很好的印象，人们怀念三保太监，不少地方用三保来命名，如泰国的三保港、马来西亚的三保城、印尼的三保垄等。 泰国首都曼谷的三保公庙中有一副对联，上联是“七度下邻邦，有名盛记传异域”；下联是“三保驾慈航，万国衣冠拜故都”。当然，在评价郑和船队七下西洋的成就时，我们也不能不看到其历史局限性。郑和奉天子之命七下西洋对明朝皇帝来说确有追求“万邦臣服”，以满足“临御天下”的欲望，因此与外界交往中经济上总是“厚往薄来”，每到一地总是大量无偿地赠送中国特产与财富，而对外国商品则高价收购，带回国内的多是珍禽异兽与奇珍异物，于国民经济发展并无裨益。这种不算经济账的航海活动，日益成为经济上的沉重负担，使国家财政“库藏空匮”，必然难以为继。因此，以郑和七下西洋为顶峰的航海活动，不久即跌落，终于盛极而衰。

自舟师诞生至明代中叶发生过许许多多的海战、水战，这里主要介绍几次有代表性的海战。

吴齐黄海海战是迄今为止有史籍记载的中国第一次海战。春秋末期，吴、齐同为海上强国。吴国疆域约相当于今天江苏省之大部，兼涉皖北、皖南、浙西一部，东至大海，南至太湖，西及苏皖边界，北踞徐海二州，是一个水军见

长、“不能一日而废舟楫之用”的江南海上强国，有强大的舟师。吴国正是倚仗它强大的舟师，在江河湖海中纵横驰骋，频频进行水战，以图谋霸权。齐国是东方强国，它的疆域南有泰山，北有渤海，西有清河，东濒大海。春秋末期，齐国已拥有一支强大的舟师。公元前486年，吴王夫差击破越国后，一心北进与齐争霸，遂开凿沟通长江与太湖的胥溪以及沟通淮水与长江的邗沟，意欲引兵攻伐。公元前485年，吴国会合鲁、邾、郯三国军队攻打齐国，派大夫徐承统帅舟师“自海入齐”。齐国立即出动舟师拦截。两国在黄海进行了一场大规模的海战，最后齐国舟师大败吴国舟师，迫使吴国舟师返航。

唐代中日白江口海战是一次重要的对外进行的海战。唐高宗即位以后，继续执行唐太宗所定的恢复辽东和东征高丽的国策。当时朝鲜半岛的高丽、百济、新罗三国发生战乱，唐朝多次引兵介入。公元661年，百济旧部起兵反唐，唐将刘仁愿、刘仁轨坚守熊津城不走，并打通了新罗运粮之路。唐高宗发山东半岛7000水兵渡海增援熊津。公元663年，百济王扶余丰引倭国（今日本）精锐水师2.7万人进攻唐军，唐将刘仁轨率强大水师在白江口（今朝鲜锦江口）与日水军决战，“四战皆捷，焚其舟四百艘，烟焰灼天，海水皆赤”，日死伤两万余人。这是中国对日本海战史上最光荣的一页。从此之后，日人敛迹，使朝鲜900年没有倭寇之患。这次海战唐水师之所以大捷，一是刘仁轨指挥得当，二是有山东半岛7000水兵增援，三是唐代水师战船坚固，性能优越。

唐岛湾海战，亦称陈家岛海战，发生在南宋绍兴三十一年（1161年）。当时金国已侵占宋朝北部疆土，宋朝在临安（今杭州）建都。金主完颜亮领兵大举进攻南宋，命苏保衡为浙东道水军都统制、完颜郑家奴为副都统制，率领战船600余艘、官兵7万人，出渤海沿黄海南下，企图进袭浙江，以威胁临安。宋高宗授李宝为浙西路马步军副总管，率战船120艘、官兵3000人，浮海北上，阻止金兵南下。李宝先登陆海州，继渡海北进。得知南下的金水军驻泊于唐岛湾（今山东灵山卫以东）后，他便决定隐蔽接近，突然袭击，火攻破敌。十月二十七（11月16日），李宝借助南风，指挥战船突然冲入金水军锚地，全军被风浪卷聚一隅。李宝以火药箭攻击，箭中金船风帆，烟焰骤起，延烧数百艘；对未中箭起火的金军战船，李宝属下的官兵跳帮与金兵格斗，取得胜利。是役金军死亡数万人，被俘3000余人，另有3000余名汉军倒戈，金军主要将领除苏保衡逃脱外，完颜郑家奴等6人战死。李宝因作战有功，诏赐“忠勇李宝”，授静海军节度使、沿海制置使。唐岛湾海战是中国古代海战史上突然袭击、以少胜多的一个成功战例，它使完颜亮消灭南宋的战略计划破产，对维持南宋偏安局面具有重要作用。

元代两次渡海东征的失败使古代中国的海外拓展受阻。蒙古族元世祖攻取南宋，又凭借强大的军事实力，建起了横跨欧亚两洲的蒙古帝国。高丽降元后，元代势力已发展到与日本隔海对峙。元代曾九次派使要求与日通好均无结果，于是发生两次跨海东征日本之战。第一次征日之战发生至元十一年（1274年），元世祖忽必烈命筹集战船900艘，令忻都为统帅，于十月初三（11月2日）从高丽合浦启航东征日本；初六，元军在对马岛登陆，歼日对马守军；占领对马岛后于十四日过对马海峡，攻占壹岐岛；后挥师转向博多湾，十九日在博多登陆，大败日藩属兵10余万于博多。但元军未能一鼓作气坚持战斗，而决定全军撤回船上，准备返航。是夜遭暴风雨袭击，元军战船触礁甚多，伤亡惨重，后撤军回国。第一次东征后，忽必烈曾派使者到日要求通好，使者为日所杀。元世祖决定第二次东征日本。此役东征兵分两路，东路军4万人，战船900艘；江南军10万人，战船3500艘。两军约定于至元十八年六月十五（1281年7月2日）到日本壹岐会师。东路军于五月初三从高丽合浦出发，二十一日在对马岛登陆，全歼日守岛部队，二十六日攻占壹岐岛。东路军不顾事前约定会师的决定，单独向博多湾进发，而江南军又未能如约在壹岐岛登陆，直到七月初七两部才会合。八月初一，元军又遭台风袭击，大部战船覆没，将士溺死，撤回者不及五分之一。是役失败，一是指挥失误，两军未能会师合力攻敌；二是未能吸取上次教训，对当地的地理环境、气象条件均不熟悉，此乃海战之大忌。

明朝水师抗倭斗争的胜利大长了中国人的志气。明军抗倭有两支劲旅，一支是俞大猷统领的俞家军，一支是戚继光统领的戚家军。尤其是戚家军，堪称是百战百胜。戚继光（1528～1587），明代著名的军事家、民族英雄；山东蓬莱人，出身将家，以治军严格、练兵有方著称。他对练兵、治械、阵图等都有创见，著有《纪效新书》、《练兵实纪》、《止止堂集》。明代倭寇为患，对沿海地区进行骚扰。明朝廷令戚继光带兵平倭。戚家军除取得陆战胜利外，水师也取得节节胜利。1555年戚继光奉调从山东到浙江，镇守宁波、绍兴、台州等地区。戚继光到浙江后一方面编练新军，一方面在台州建造战船。1561年，倭寇一两万人分乘战船数百艘侵犯浙东，戚继光率兵赴宁海，在龙山大败倭寇，乘胜追至台州，水陆配合，全歼倭寇。1562年，倭寇又犯福建，盘踞在宁德外海中的横屿。戚家军水陆配合，趁退潮时突击横屿，捣毁倭寇老巢，缴获战船多艘，收复了横屿。倭寇在福建被击败后，又转到广东侵扰，戚继光与广东俞大猷水师合同将倭寇消灭。至此，东南沿海倭寇被肃清。戚继光率戚家军征战近30年，驰骋于东海、南海，连奏捷报，平定倭患，保卫了中国的海防，成为一代名将。

露梁海战是明代万历年间中国援朝抗日的一场大规模海战。1592年，以武力统一日本的丰臣秀吉发动侵朝战争。日军乘大小战船700余艘由对马岛渡海到朝鲜釜山登陆，仅两个半月就占领汉城、开城和平壤。朝鲜王朝向中国求援，中国决定发动援朝。1593年中朝合力收回大部分失地，日军被迫停战议和。1597年日丰臣秀吉再度增兵犯朝，中朝联军合力反击，日军节节退败，企图撤回日本本土，中朝水师根据有利时机，组织了有名的露梁海战。中国水师由陈璘统率，有战船500余艘，1.3万余人，装备较好，除冷兵器外有管型火器。朝鲜水师由屡立战功的水师名将李舜臣统率，有战船480余艘，4万余人，其战船以龟船性能最好，能攻能防。日水师有战船3000余艘，装备比较差。1598年11月，中朝水师在光阳港口的锚岛拦截撤退的一路日本水师，其余日本水师急去救援，驶进露梁海峡。此时中国水师由陈璘率领组成左军，朝鲜水师由李舜臣率领组成右军，待机夹击日水师。12月16日2时，救援之日军驶出海峡，进入露梁以西海面，中朝水师突然向日水师发起攻击。一场大规模的海战——露梁海战开始了。担任先锋的明将邓子龙与日船进行接舷战，杀伤大量日军后不幸战死。朝鲜名将李舜臣领先与日军血战，后中弹牺牲；其子代父指挥，继续与中国水师并肩作战。是役日战船几乎全部被毁，被歼数万人，中朝水师取得露梁海战的胜利。

郑成功水军收复台湾之战赶走了侵略者，维护了中国的统一。郑成功（1624～1662），福建南安人，是明清之际收复台湾的爱国名将。其父郑芝龙为明末水师将领，清军入闽时不听其子郑成功规劝而降清，郑成功带兵出走。荷兰殖民主义者自1624年起即染指中国领土台湾，1642年侵占整个台湾后激起台湾人民坚决反抗。郑成功决心收复台湾，驱逐荷兰殖民主义者。他积极修造战船，招募和训练水兵。1661年4月21日，郑成功率东征大军2.5万人，分乘战船350多艘，从金门料罗湾启航，第二天到达澎湖，稍事休整后，于26日晚又率水师渡过台湾海峡，利用四月初一（4月29日）大潮，突入台湾平安港的鹿耳门港。郑成功一面派少数战船从大港正面佯攻，一面率水师主力驶向赤嵌城下的禾寮港强行登陆。这一行动使荷兰侵略者惊慌失措，连忙派出4艘战船出海拦阻。郑成功派出60艘战船包围荷兰战船，以火力压制荷船队；另派几艘快速小船装满炸药和易燃品，炸沉荷兰最大战船“赫托克”号；荷其余战船企图突围，又遭郑军杀伤。郑成功攻下赤嵌城后又派兵攻打台南，同时在海上与荷兰战船展开激战，将荷战船诱入埋伏圈。经过激战，荷军惨败。郑军围困台南城八个多月，荷军弹尽粮绝，最后缴械投降。1662年2月1日，荷兰侵略者交出占领了38年之久的台湾，郑成功收复台湾之战取得最后胜利。

古代中国海军曾处于世界领先地位。舰船、兵器的发展，航海技术的进步，辉煌的海战战绩，各方面都充分证明了这一点。郑和七下西洋是中国古代海军发展的顶峰。但以此为转折点，中国海军开始从顶峰跌落下来，不断走下坡路，最终被西方海上强国远远地抛在后头。其原因当然是多方面的。明代中叶以后，中国封建社会已步入晚期，男耕女织的自然经济结构阻碍了商品经济的发展，中央集权的封建专制统治顽固地保护落后的封建自然经济，“重农抑商”的政策压抑了商品经济的发展，占统治地位的儒家思想和“八股”开科取士的政策大大地禁锢了知识分子的思想，压抑了他们的聪明才智，使科学技术得不到应有的进步。此外，从明代开始反复实行禁海政策，不许片板下海，甚至强迫海边居民内迁。这种闭关锁国的政策，严重妨碍了中外经济、思想、文化和科学技术的交流。这一切对于依赖经济实力和科学技术进步才能发展的海军来说，无疑是一个沉重的打击。就在清王朝立国的同时，西方国家如英国已开始了资产阶级革命，为了保护商业和争夺殖民地，大力发展海军。西方海军在加速发展，而古老的封建帝国清朝的海军相比之下则停滞不前。“逆水行舟，不进则退”，中国古代海军走上了盛极而衰的道路。

清代中期以前海军的发展受到了很大限制。清朝是中国最后一个封建王朝，由满族贵族统治。以骑射为专长、“以马上得天下”的清军开始并没有水师，在与明军作战的过程中才逐步建立水师。在统一全国后，清朝基本上沿袭了明朝的封建制度。青岛水师分为内河与外海两大部分。经制兵中分为八旗兵和绿营兵。八旗水师兵力不多，战斗力不强，成员为“八旗子弟”，是清王朝统治者的嫡系，享有特权。绿营水师是清代水师的主要组成部分，海战水战多由绿营水师进行。清代水师官制设提督、总兵、副将、参将、游击、都司、守备、千总、把总、经制外委等。清代水师有比较严格的奖惩制度并享有较高的薪饷，八旗水师官兵薪饷明显地要比绿营水师官兵薪饷高。清代水师训练开始很严格，后来随着政治腐败，长期没有大规模海战而逐渐松懈。正当人类对海洋重要性的认识日益加深，欧洲沿海各国为争夺海洋霸权而厮杀的时候，清代初期的封建统治者却实行与海洋隔绝的政策，在沿海地区推行“迁海”与“海禁”。清代初期，清王朝为了镇压沿海人民反清运动，多次颁布命令实行“海禁”与“迁海”。1656年，清王朝宣布：海船没有政府执照不准出海，不准擅自制造两桅以上大船。“今后凡有商民船只私自下海，将粮食货物等项与逆贼贸易者，不论官民，俱奏闻处斩。”由于海禁令收效不大，清政府进而实行“迁海”政策。1661年，清政府下令将沿海居民迁离海边30里；1664年，更提出迁离海边50里；1679年，又提出在福建上自福宁，下自诏安，赶逐百姓重入内地。“迁海”政策波及北起山东半岛南至珠江三角洲的广大沿海地区，使中国的海洋事业遭受沉重打击。在康熙二十三年（1864年），清政府虽然曾提出“开禁”，但仍严格限制人民出海自由贸易，限制商品出口，对出海船只仍诸多限制，不准出海船只携带武器，致使出海船民遇到西方海盗只有束手待毙。由于清王朝实行这种极端愚蠢的政策，中国坐失争夺海洋权益的良机，从而阻碍了对外贸易和海军的发展。

清代中期以前水师的舰船和兵器发展缓慢。这一时期的战船种类虽然繁多，但主要的战船是赶缯船和艍船两种。这时期的战船庞大笨重，驾驶不灵，后来稍有改进。赶缯船是主力战船。大赶缯船长36米多，宽7米多，深3米，有24个船舱，板厚2.6～3.2寸，双桅，双舵，双铁锚，桨4支，大橹2支，头梢1支，可载重1500石。船上配兵80人，装大炮4门、斗头炮1门、百子炮4门、字母炮2门、鸟枪24杆，还有一些燃烧火器。船上冷兵器有弓箭、藤牌、排刀、钩镰枪、川撩刀、竹杆枪、挑刀等，供接舷战、肉搏战用。战船因作用和类型不同，可分为水船、蓬船、哨船、禁船等。战船为松木造，长29米多，宽7米多，深2米多，桅高26米，板厚3.1寸。战船结构坚实，行驶灵活、迅捷。大船配兵35名，设排枪16支。这时期的战船和兵器基本上沿袭明朝水师，无重大发展。而此时欧洲一些资本主义国家的海军却得到迅速发展，有“海上马车夫”之称的荷兰已拥有一支雄厚的海上力量，有商船1.6万多艘航行于世界海洋，并把船队开进印度洋，染指中国、日本及东南亚地区。在19世纪初，当中国还用双桅帆船时，英国在1803年与法国争霸时已拥有一线战列舰30艘，支援舰队有巡洋舰86艘和炮船50艘；在预备役中还有战列舰76艘、巡洋舰和50门炮船49艘。战船和兵器的落后，标志着中国古代海军正从世界强大海军的地位上跌落下来。

（原载《世界海军史》海潮出版社2000年9月版）

The ancient Chinese navy was pioneered from the 6th century B.C. to the 2nd century B.C.. During this period, along with the demand of conflict in the original clans or empires, as transportation and fishing tools, boats and oars were gradually applied to the military areas. After the birth of boat division, all boats were paddle boats armed with cold weapons and soldiers tend to dash or fight on the enemy's boats.

中国古代海军的初创时期

公元前6世纪至公元前2世纪，是中国古代海军的初创时期。这一时期，随着原始氏族、部落间的冲突和诸侯国争霸战争的需要，作为交通运输和捕鱼工具的舟楫，逐渐应用于军事。舟师诞生后，其战船都是桨船，兵器都是冷兵器，水战方式都是接舷战和撞击战。

《华夏文明》浮雕

商代甲骨文的『舟』字

我国舟楫的出现，经历了漫长的历史发展过程。早在远古年代，我国就出现了木筏，7000多年前产生了独木舟，3000多年前又制成了木板船。

从木筏、竹筏、独木舟演变到木板船，是造船史上的一次创举。

木板船既是舟船的雏形，又是后世大型、多样化船舶发展的先声。它的问世，堪称船舶发展史上的一个里程碑。

上古年代，我们的祖先就明白了“木在水上”的道理。《易经·象辞》的“利涉大川，乘木有功”和《物源》中“伏羲氏始乘桴”的记载，说明木筏已是上古先民的水上交通工具。

商代甲骨文的“舟”字，与木板船形同毕肖。

从木筏、竹筏、独木舟演变到木板船。

舟楫的出现

The appearance of the boats and oars

《易经》记载的“刳木为舟，剡木为楫”，已由出土文物所证实。1958年，在江苏武进县出土一只独木舟，经考证是春秋战国时代的遗物。1978年，在浙江余姚河姆渡新石器时代遗址出土两支船桨，经碳14测定，其年代为公元前5005年至公元前4790年，距今已近7000年。这是世界上有关船的最早物证。

商代饕餮铜鼎上的“荡”字，描绘着一个肩挑贝类的人站在舟上，后面还有一个划桨的人。说明当时已用木板船进行水上运输。

仰韶文化的船形彩陶壶

商代饕餮铜鼎上的“荡”字。

河姆渡出土的船桨

商坩锅，用于冶炼和铸造青铜兵器的容器，河南郑州二里冈出土。

中国古代夏朝时，已经有了一定的青铜兵器，标志着中国军事进入了青铜兵器时代。商代青铜兵器，形制众多、精美，纹饰华丽、生动，杀伤、防护作用明显，在中国兵器史上占有重要地位。

青铜兵器
Bronze weapons

海上作战，关键是舰船。春秋战国时期，我国逐步完成了奴隶制社会向封建社会的过渡，社会生产力发展很快。由于青铜工具的进步，尤其是冶铁业的发展和铁质木工用具的广泛使用，造船技术和造船能力迅猛提高，为古代海军的产生奠定了物质基础。

公输班，鲁国人，又称鲁班。杰出的应用技术发明家。

大翼船模型

冶铁画像石

春秋战国的造船

Shipbuilding in the Spring and Autumn Period

据《吴越春秋》记载，吴国的舟师按陆军车战方式设置，战船分为大翼、小翼、突冒、楼船、桥船和余皇，大翼像陆军的重车，小翼像轻车，突冒像冲车，楼船像楼车，桥船就是轻装骠骑，而供君王乘坐的余皇则是水战中的指挥船。这些不同类型的战船组成的舟师，俨然是中国古代海军的特混舰队。

大翼船

春秋战国的航运

Shipping in the Spring and Autumn Period

公元前506年，吴王阖闾命伍子胥开凿了世界上最早的一条运河——胥溪。

胥溪开通的当年，吴王阖闾就率军经胥溪伐楚，取得了胜利。阖闾死后，夫差又派人开凿了邗沟。公元前484年，吴国军队从水路进攻齐国，又获胜利。接着，夫差又深挖了泗水和济水之间的荷水。这样，吴国军队从苏州乘船出发，从邗沟进入淮河，再进泗水，然后通过荷水进入济水，就可以直达中原腹地与中原诸侯国一决雌雄。

春秋时期的内河航运相当发达。其中，长江航运更为兴盛。

楚怀王赐给鄂地一个名叫启的封君的行路符节——鄂君启金节。节文规定，鄂君持此节，可以集3艘船为一批，以50批即150艘为限，自武昌出发，在长江、湘江、沅江、赣江、资水、汉水和澧水航行，以达汉口、南昌、沙市等处，可免税通行，并可得到食宿优待。说明当时楚国已设立水路驿站，可见长江中下游舟船往来非常频繁。

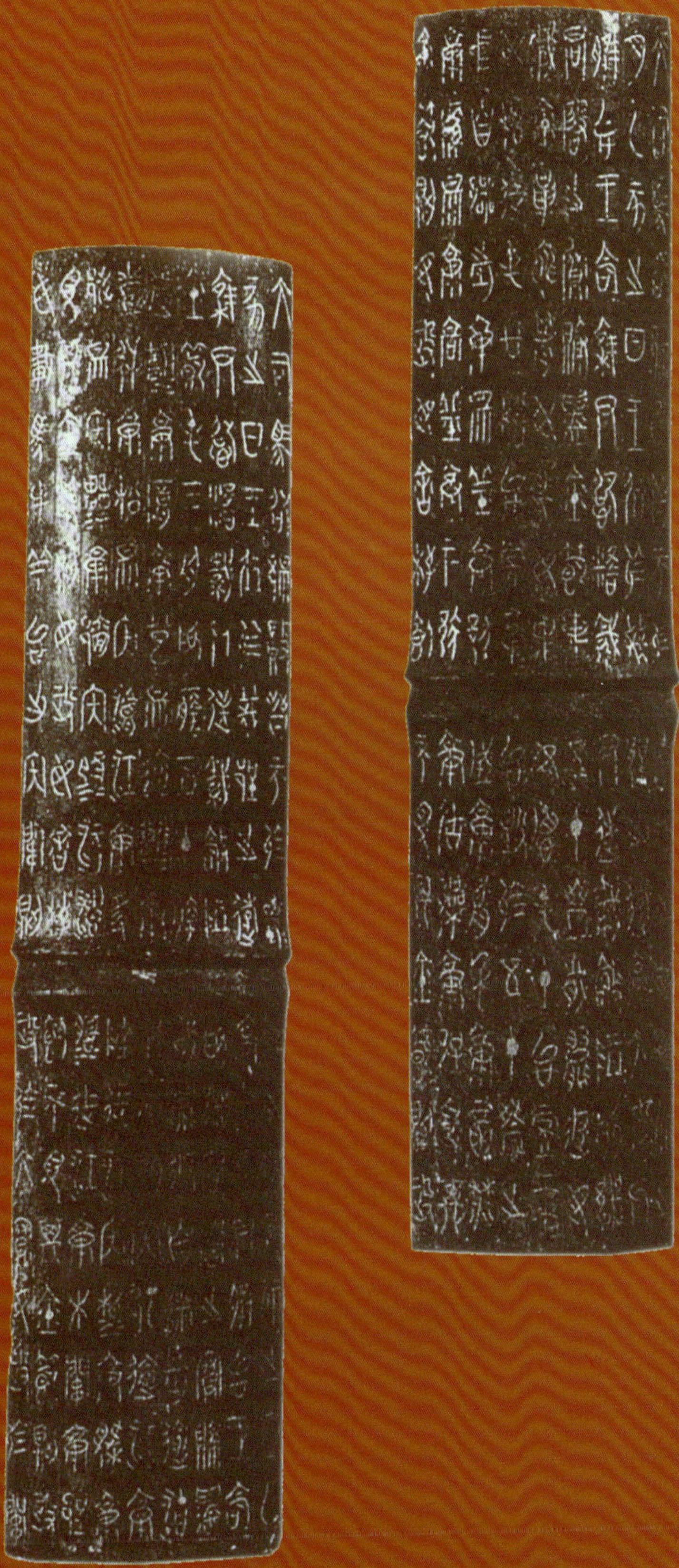

1958年，安徽寿县出土战国时期的“鄂君启金节”

舟师的诞生

The birth of boat division

数千年前，随着生产力的发展和战争的需要，舟楫逐渐应用于军事。

武王伐纣渡孟津，是我国史籍关于船舶用于军事运输的最早记载。到了春秋时期，临江依海的各诸侯国在争霸战争中，为适应水网地区作战的需要，竞相改装和建造战船，建立“舟师”，开始学会运用战船在江河湖海里作战。中国舟师，即中国古代海军便应运而生。

《武王伐纣》

《孟津之役》

公元前597年，楚军击败晋军，晋军渡过黄河溃逃。图为当年的黄河渡口遗址

《孙武著书》油画

嵌错燕射水陆攻战画像壶纹饰展开图

嵌错燕射水陆攻战画像壶

春秋铜胄

初创时期

晏乐渔猎攻战纹铜壶上的纹饰

晏乐渔猎攻战纹铜壶

战国时期的战船和水战，从战国墓出土的三件铜器上得到生动可信的反映。

山彪镇出土的战国铜鉴上的水战纹图案、故宫博物院收藏的晏乐渔猎攻战纹铜壶上的纹饰、嵌错燕射水陆攻战画像壶纹饰展开图

舟师的建设

The constructing of boat division

春秋时期，群雄割据，各诸侯国之间的水陆攻战连绵不断。

战争造就了一批卓越的军事统帅和将领，舟师的训练和作战指挥也随着军事家的产生，逐步走向严格、正规。其中，辅助吴国治军练兵使吴军威震四方的孙武，就是军事战略家的杰出代表。

水陆攻战画像石

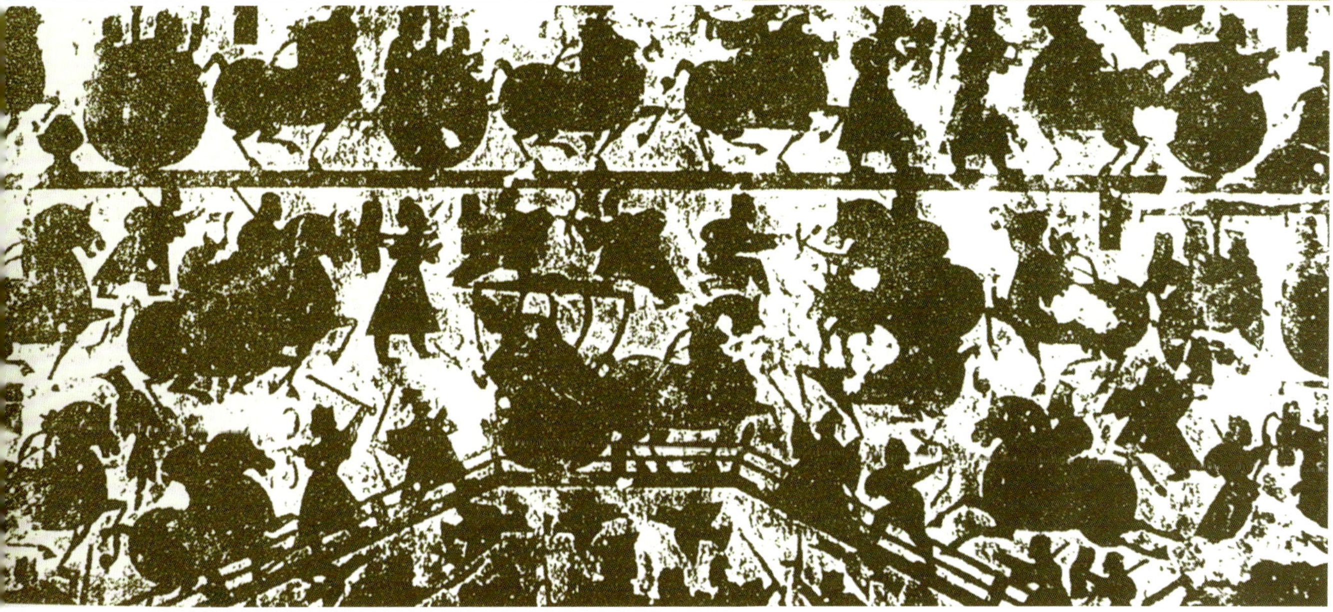

孙武兵书

Book on the art of war by Sun Wu

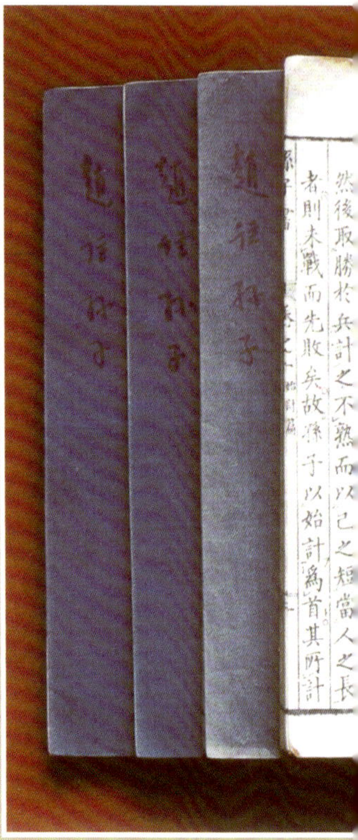

《赵注孙子》书影

清版《孙子兵书》书影

1971年日文版《孙子义疏》书影

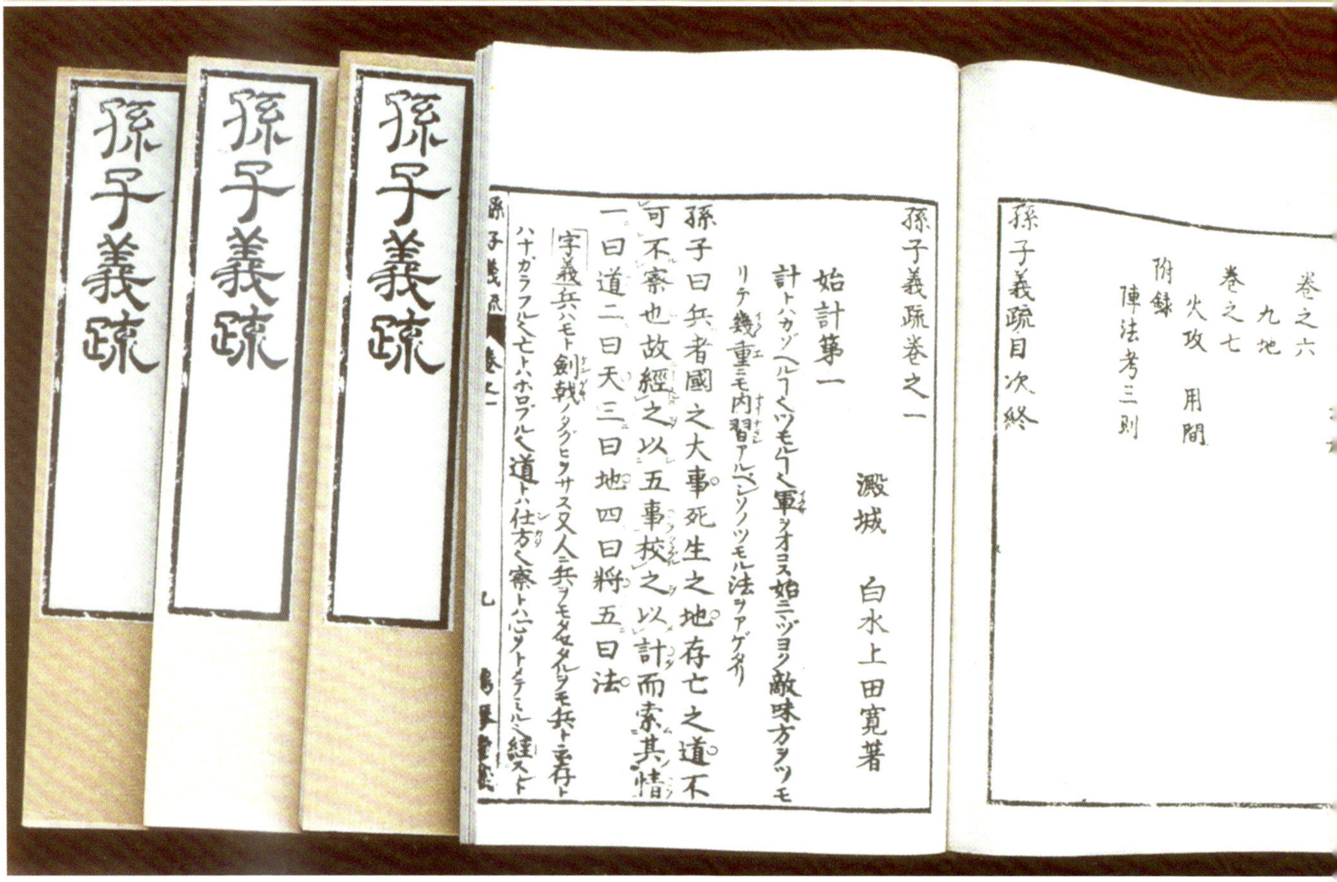

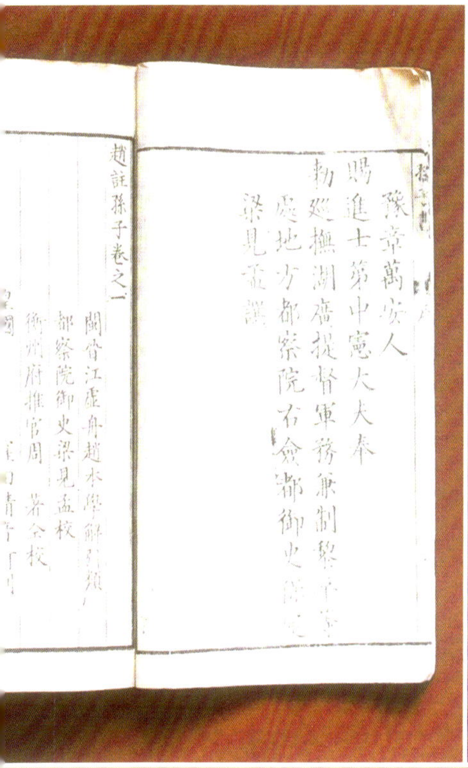

缅文版《孙子兵法》与越文版《孙子兵法》书影

孙武，春秋末期杰出的将领和著名的军事思想家。所著兵书《孙子兵法》，具有丰富的军事哲学思想，在古今中外的军事和其他领域，都产生了深远的影响。

泰文版《孙子兵法》、英文版《孙子兵法》、中英文对照《孙子兵法》书影

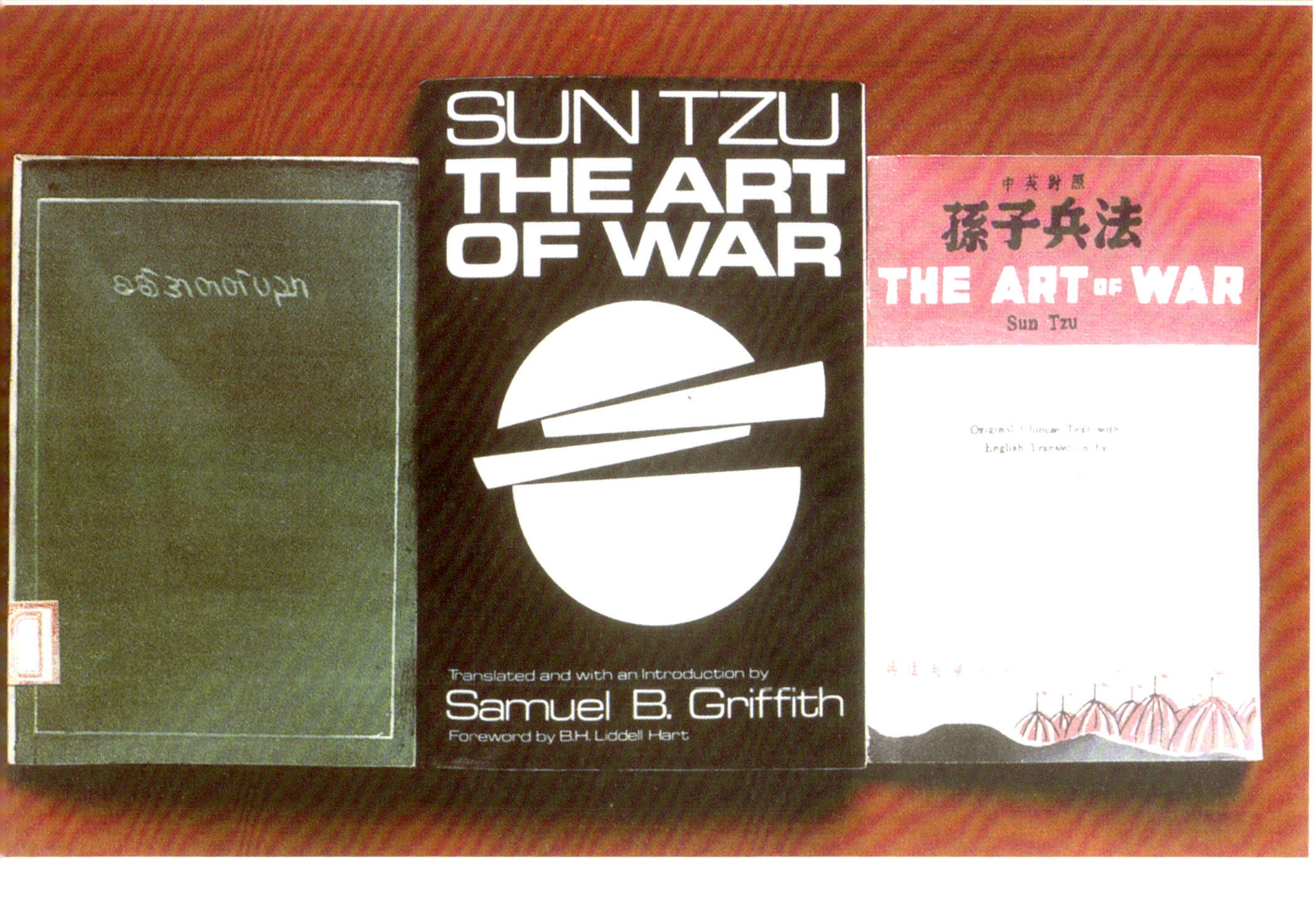

春秋铁戟

春秋铜戈

春秋时期兵器

Weapons in the Spring and Autumn Period

春秋时期，青铜兵器铸造精湛，造型优美，呈流线型，利于穿透。钢铁兵器开始使用，代表了古代兵器的发展方向。

春秋末期的水战、海战

The water-battle and naval battle in the late Spring and Autumn Period

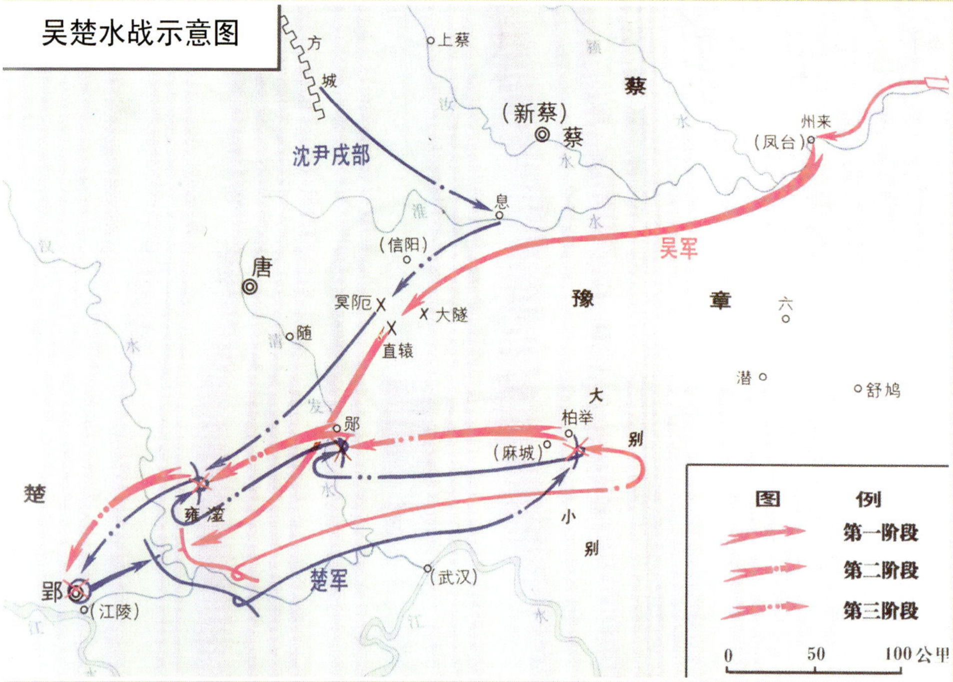

公元前549年，楚国舟师攻打吴国，这是中国史籍记载的最早水战。

春秋末期，诸侯的争霸战争由中原转移到了滨临大海、江河交错的东南地区，舟师大有用武之地。海上行动也有两次：一次是吴国舟师从海上进军，在战略上配合陆师攻齐；另一次是越国舟师从海上进行战略迂回，保障陆师攻占吴国都城姑苏。

《水陆春秋》浮雕

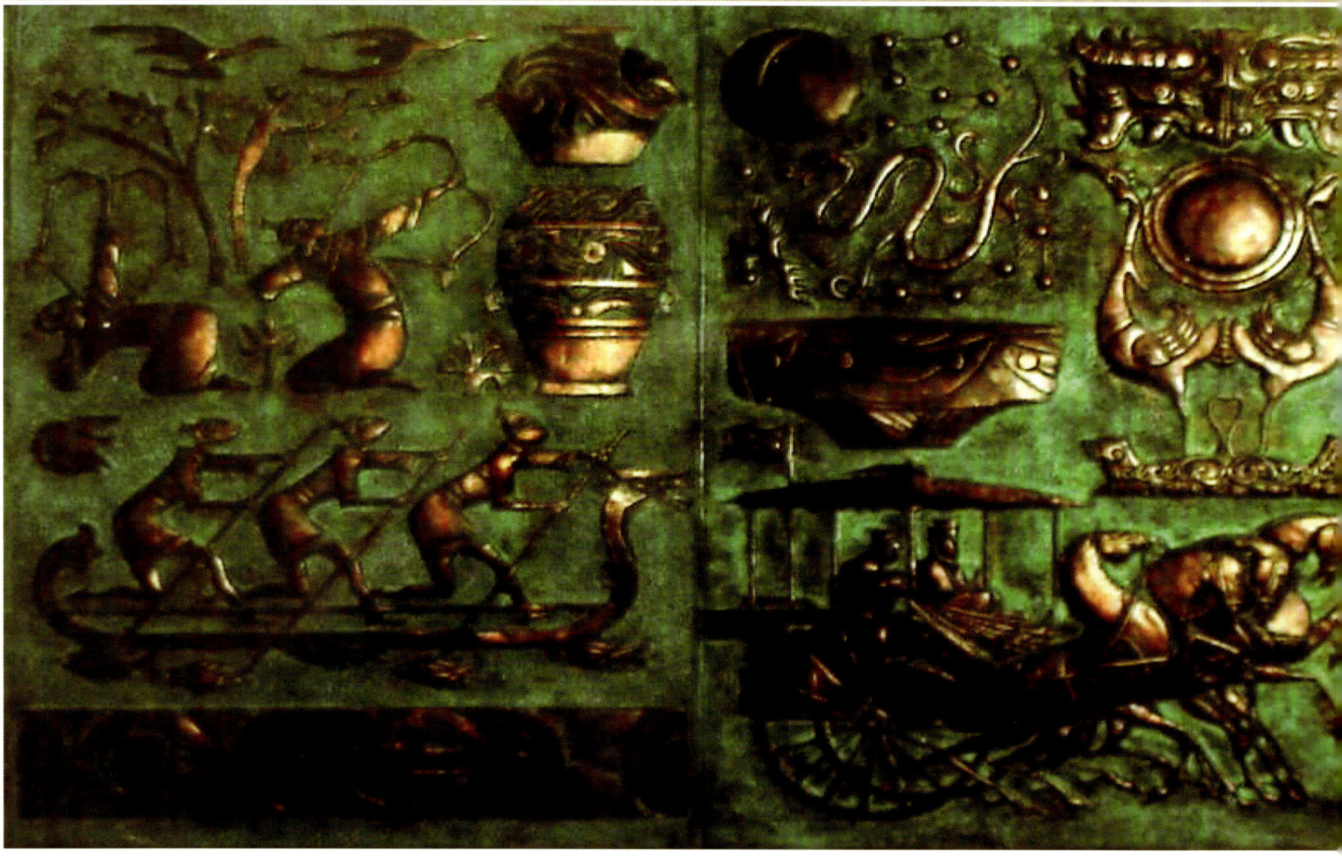

吴楚水战

春秋末期的水战、海战

The water-battle and naval battle in the late Spring and Autumn Period

公元前485年，吴国派舟师远征山东半岛的齐国。吴国舟师从长江口出海北上，长驱奔袭，与齐国舟师鏖战黄海，结果吴国战败。这是中国有史记载的第一次海战。这次海战比罗马和迦太基在地中海进行的第一次布匿海战还早200多年。

春秋吴王夫差剑及铭文

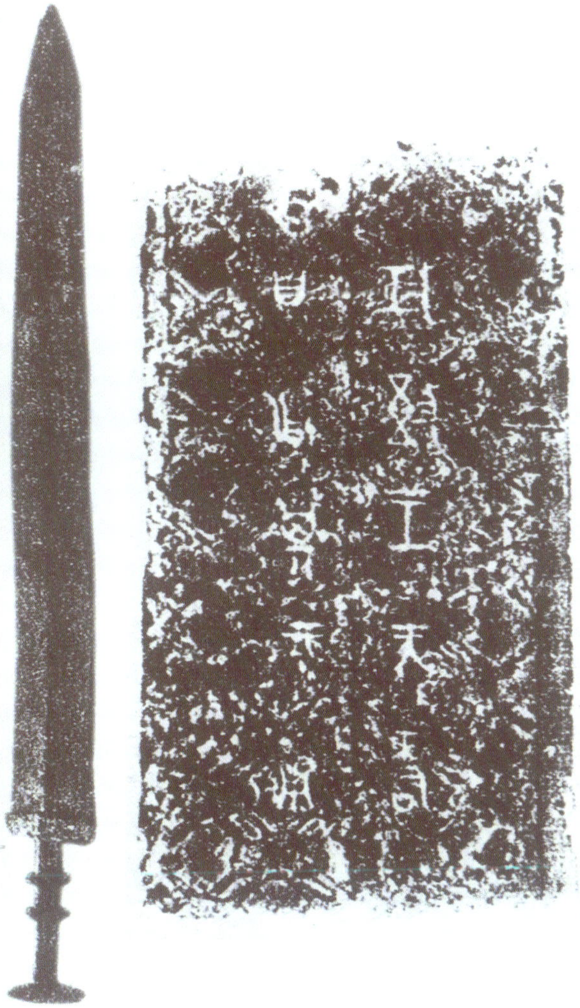

吴越水战要图

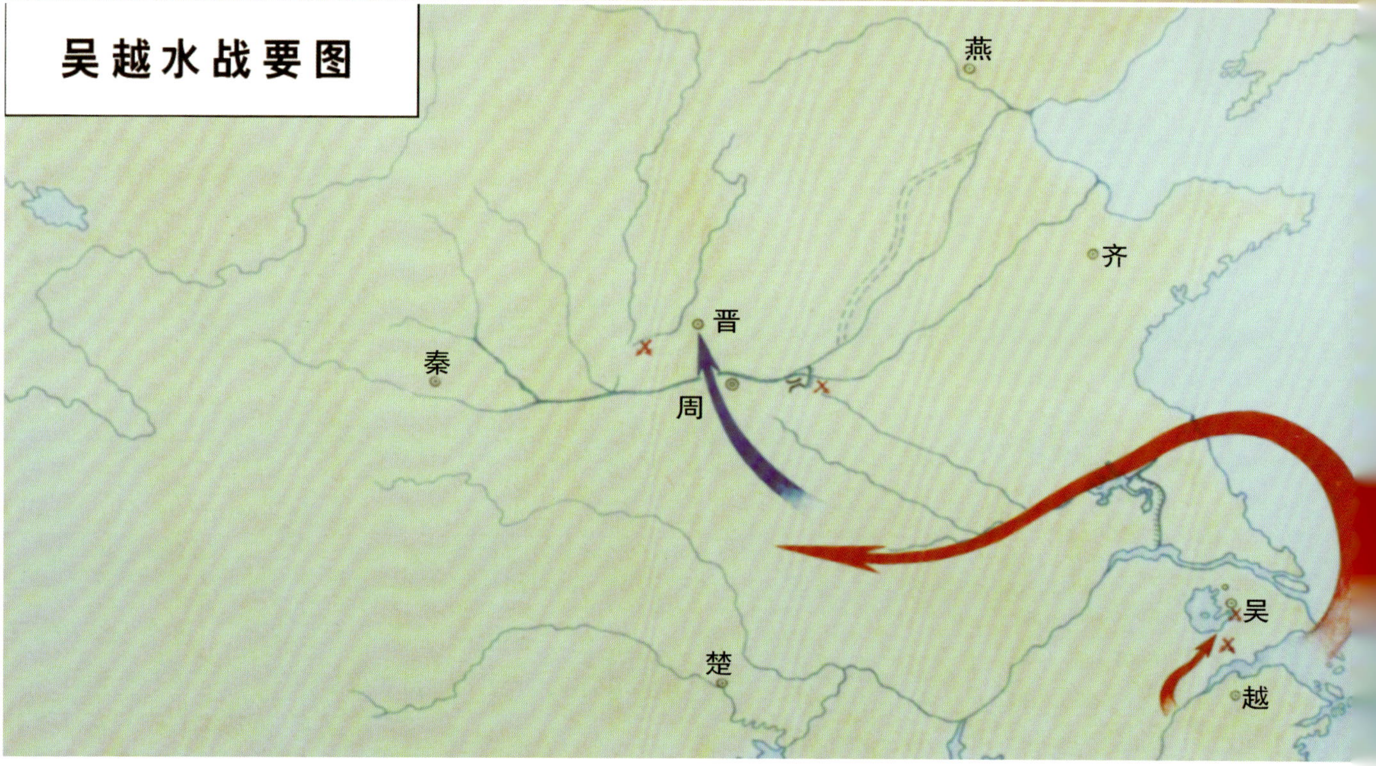

春秋末期的水战、海战

The water-battle and naval battle in the late Spring and Autumn Period

吴越水战

公元前494年，越被吴战败。越王勾践卧薪尝胆，伺机灭吴。吴王夫差胜利后，穷兵黩武，妄想称霸中原，而放松了对越国的戒备。公元前482年，夫差率吴国精锐部队北上黄池会盟，勾践乘吴国后方空虚，起兵攻吴。两军隔水对阵于笠泽，越军三战皆捷。公元前475年，越军在长期围困苏州之后，发起总攻，一举灭亡了吴国。

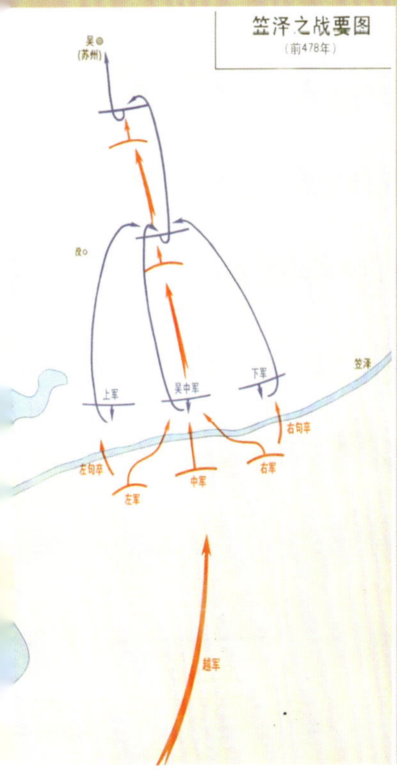

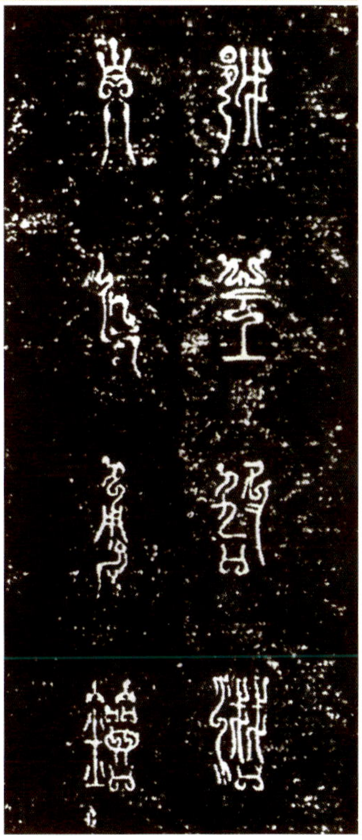

春秋越王勾践剑及铭文，湖北江陵出土

The ancient Chinese navy was gradually formed from the 2nd century B.C. to the 11th century A.D.. In this period, the Han Dynasty invented the rudder and sculls(long oars), at the same time created sails, so the ancient Chinese navy completed transition from the paddle fleet to the sail warship. The Western Han Dynasty expanded boundaries and unified China; The great battle of the Cibi resulted in the Three Kingdoms; The Jin Kingdom extincted the Wu Kingdom, and the Sui Kingdom extincted the Chen Kingdom terminating the national divinity. All depend on the victory of naval operations.

中国古代海军的形成时期

公元前2世纪至公元11世纪，是中国古代海军的形成时期。这一时期，汉代发明了舵和橹，又制造了帆，使中国古代海军得以完成由桨舰队向帆桨舰队的过渡。西汉拓疆，统一中国；赤壁鏖战，奠定三国鼎立的局面；晋灭吴、隋灭陈，结束国家分裂局面，都有赖于海军作战的胜利。

先秦舟师和秦代海军

Pre-Qin Dynasty's boat division and Qin Dynasty's navy

秦代海军，见诸文献的史料很少。有史可查的是大规模水上漕运和开通灵渠。

公元前215年，秦始皇命蒙恬发兵20万北击匈奴，为保障供给，派出大型船队从山东沿海港口出发，渡渤海入黄河，向北方河防地区运送粮草。这是我国海上漕运之始。

公元前219年，秦始皇发兵50万到岭南，在广西兴安境内开凿了一条长60里的运河——灵渠，公元前214年竣工，沟通湘江和漓江，使长江和珠江水系相连接，保障了从中原进军岭南。

秦统一岭南后建立的造船厂遗址，今广州境内

秦始皇像

灵渠遗址，在今广西兴安境

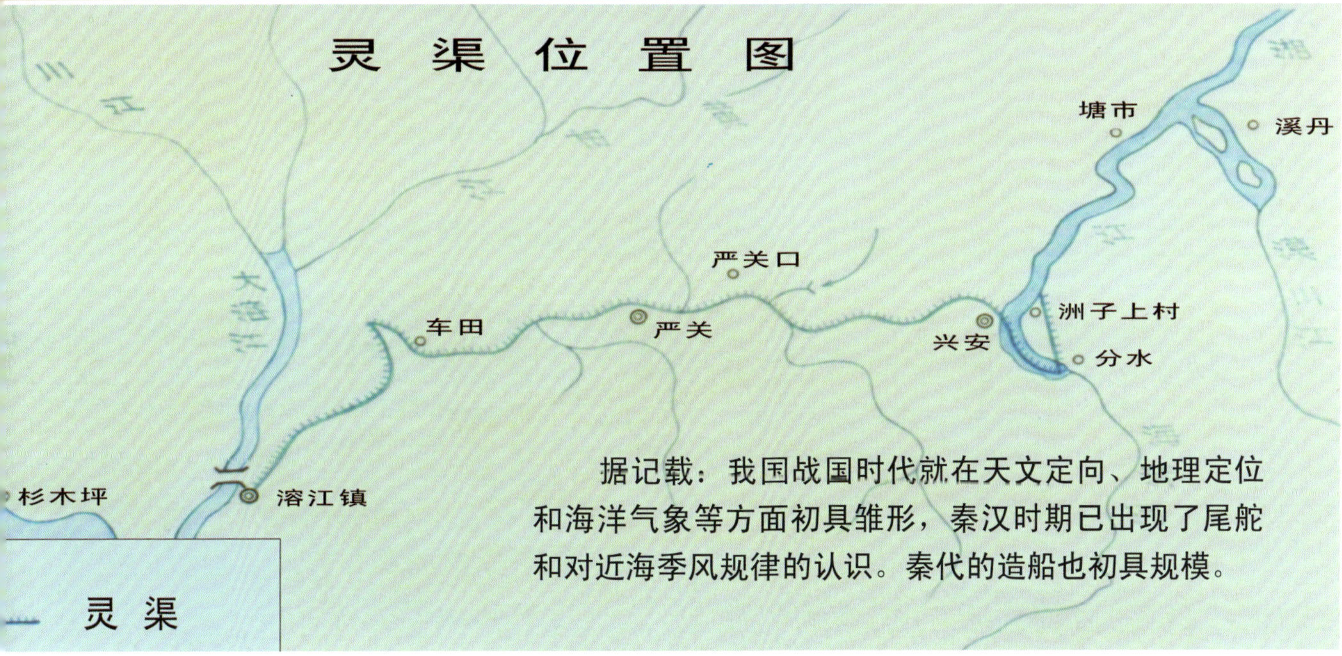

据记载：我国战国时代就在天文定向、地理定位和海洋气象等方面初具雏形，秦汉时期已出现了尾舵和对近海季风规律的认识。秦代的造船也初具规模。

巨鹿之战示意图

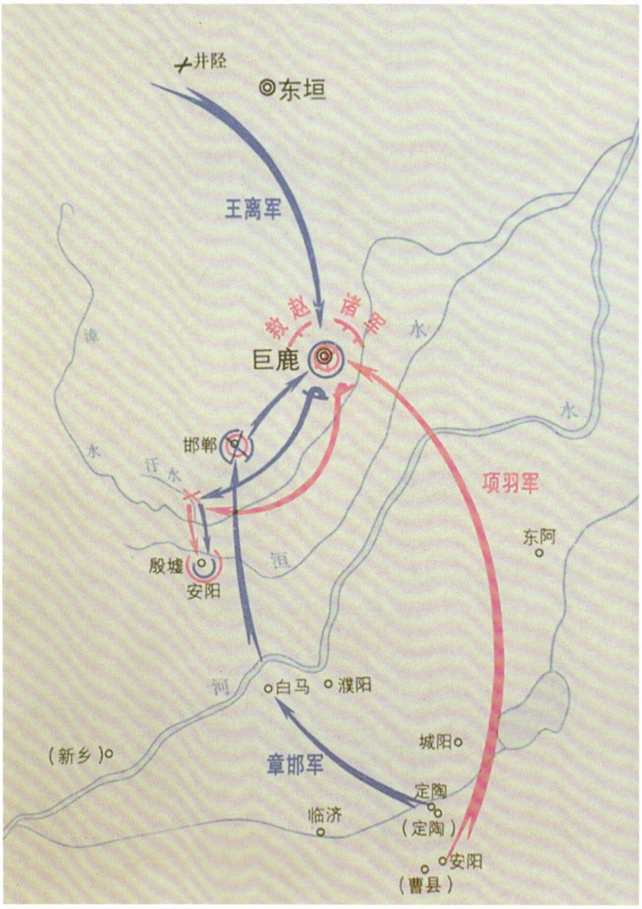

公元前207年，项羽率军与秦军主力战于巨鹿。项军渡河后破釜沉舟，背水一战。结果九战九捷，大败秦军。

形成时期

《巨鹿之战》油画

破釜沉舟 背水一战

Go ahead at all cost and fight to die

《始皇宏图》浮雕

徐福像

秦始皇统一中国之后，为巩固其统治，先后四次巡海，寻求向海外发展的机遇。

2000多年前，在秦始皇第一次巡海时，中国航海史上出现了一位名叫徐福的杰出人物。据《史记》记载，他向秦始皇上书，说海中有仙人居住的“蓬莱、方丈、瀛洲”三座神山，可带童男童女去寻求长生不老之药。秦始皇成为中央集权的最高统治者后，平生夙愿实现，唯憾生死无常。为永踞皇位，便令徐福率领3000名童男童女和掌握各种技艺的“百工”，开始了规模空前的远航。史学家论证，徐福登陆的“神山”就是日本本岛。

《史记·秦始皇本纪》记载：秦始皇二十八年（公元前219年），秦始皇命徐福带童男童女数千人入海东渡，未果。徐福称大鲛鱼为患，请增派弓弩手随行。秦始皇听信，命徐福再次于秦始皇三十七年（公元前210年）出海远航。

秦代的造船和航运
Qin Dynasty's shipbuilding and shipping

传说中的神山

日本阿须贺神社，神社内有徐福宫

秦军吏俑

战国铜三果戟，三戈联装，湖北随州曾侯乙墓出土

汉代帆船模型

广州东汉墓出土的带舵陶船模

汉代是我国古代造船和航海技术发展的第一高峰。当时，我国的船舶建造技术达到世界先进水平，并在此后长达1000多年的时间里，一直保持着领先地位。

汉代在我国船舶发展史上占有十分重要的地位。汉代的船舶已不是一般的木板船，而是有较为发达的上层建筑；船的种类也日益增多，属具基本齐备。

汉代的造船和航运

Han Dynasty's shipbuilding and shipping

橹的创制，是中国对世界造船技术的重大贡献。船尾舵也是中国的一项重大发明。风帆的出现，使中国进入了利用自然风力作为船舶动力的时代。由于风帆的使用，船舶的动力增大了，船舶的载重量也随之增加，从而能容纳更多的兵员和武器装备，储备更多的食品和淡水。战船的载重量和机动能力的提高，为中国古代海军的远洋航行和作战开辟了广阔的前景。

汉代的造船和航运

Han Dynasty's shipbuilding and shipping

开孔舵

平衡舵

船的属具锚、舵、橹、帆、碇，在汉代就已出现。

中国对舵的使用，要比国外早1000多年。当中国船舶已经用铁钉代替竹钉和木钉，并用油灰捻缝以提高船舶结构强度的时候，阿拉伯人还只知平镶法造船，西欧人造船则仍采用皮条和绳索捆扎的方法。东汉时期，我们的祖先已创造了平衡纵帆，懂得帆舵配合利用八面风甚至逆风；而直到7世纪，地中海才出现转动的三角纵帆，14世纪才有二桅三角帆，15世纪才采用多桅多帆。

指南针是我国古代四大发明之一，世界上最先将指南针应用于航海的也是我国。而这种船用指南针直到13世纪才通过阿拉伯人传入欧洲。

远在战国时代，中国就发明了磁性指南工具，称为司南。司南的指针就像一个汤勺，放在青铜地盘上，勺柄用天然磁石磨成，勺底光滑便于转动。地盘上刻有天干、地支、四维和二十八宿交叉排列的方位标志。使用时，因受地球磁力的作用，勺柄始终指向南方。

汉代司南

汉代的造船和航运

Han Dynasty's shipbuilding and shipping

西汉建立后采取“休养生息”政策，社会安定，经济繁荣，对外交往频增，大规模的海上航运随之兴起。

汉武帝在派遣张骞开辟了陆上“丝绸之路”之后，又下决心开辟海上“丝绸之路”。经过坚持不懈的努力，到其晚年，终于开通了两条国际航线：一条从广东通向印度和斯里兰卡，另一条从山东通向朝鲜、日本。西汉的海上航运，堪称世界航运史的先驱。

东汉时，第一条航线又一直向西延伸到欧洲的罗马。海上航线的开辟，既促进了世界航海业和造船业的发展，又为促进世界各国人民的经济、文化交流，增进各国人民的友谊，作出了不可磨灭的贡献。

西汉时期全图

汉光武帝刘秀

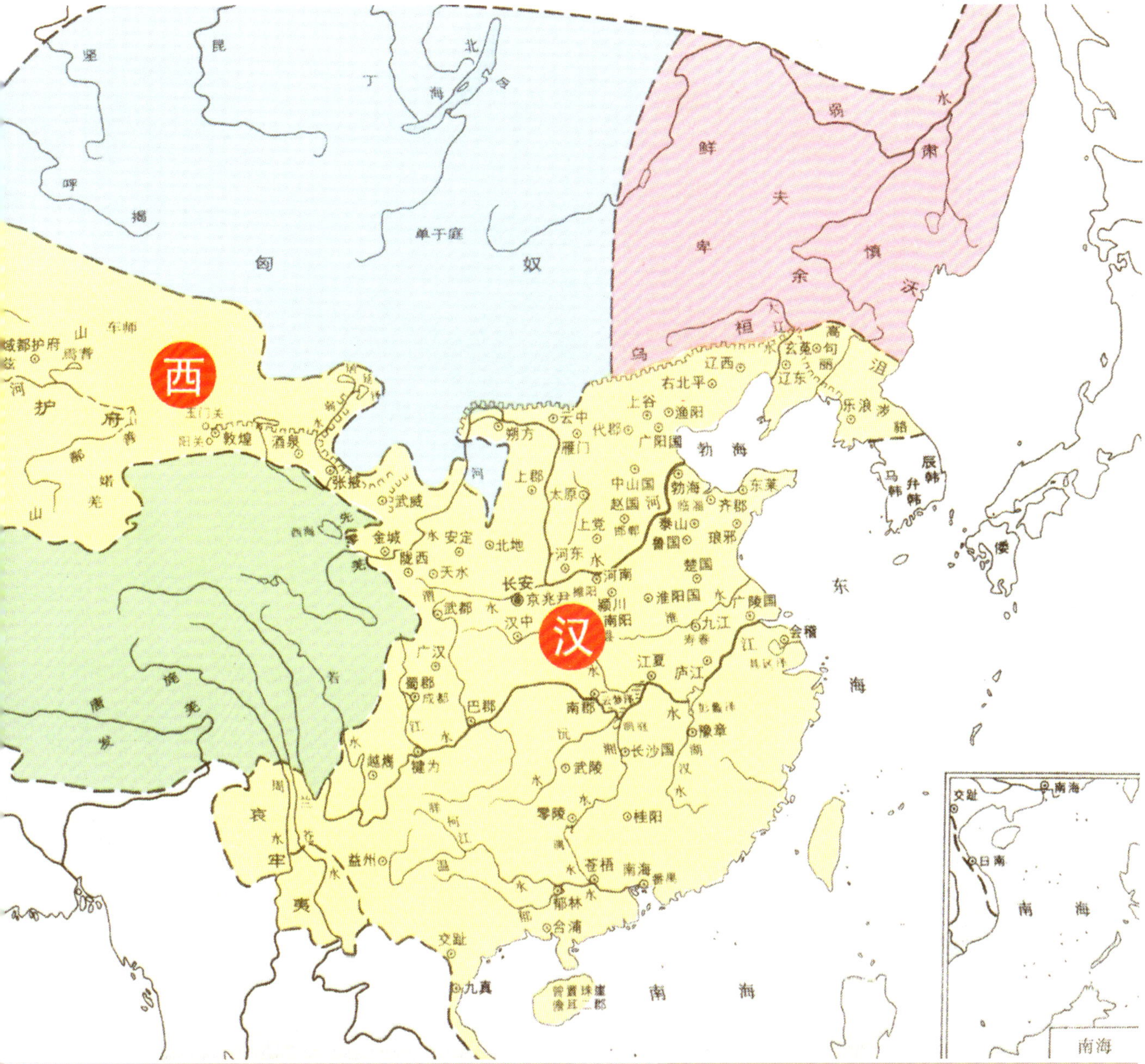

汉代水军的战船，见之于文献的有楼船、艨冲、先登、赤马、斥候、槛等数种。它们是在春秋战国战船的基础上发展起来的，又为以后的许多朝代所沿用和改进，起到了承前启后的作用。

汉代楼船（模型）

《武帝南巡》浮雕

东汉建武中元二年，汉光武帝赠予倭奴国王的“汉倭奴国王”印

汉朝十分重视水军的建设，建立了一支拥有4000余艘战船、20多万水兵的楼船军。它对开拓疆域、统一中国发挥了重要作用。

西汉水军的作战

Battles by the water forles of the Western Han Dynasty

马援像

西汉经过70年的休养生息，国力逐渐强盛，汉武帝刘彻便用武力统一东南沿海。先是海上进军占领东瓯，接着派10万楼船军，经珠江水系，进攻番禺，灭了南越；最后海陆夹击，平定闽越。

汉武帝统一东南沿海后，又派水陆大军进攻朝鲜，并在平定后的朝鲜设郡，将其纳入汉朝版图。

伏波将军印

西汉鎏金铜弩机

弩是陆军和水军通用的一种武器。所谓弩，就是安有臂的弓，弓臂上有弩机。弩机外面有一个通道（古代叫郭），匣内前面安有挂弦的钩（古代叫牙），钩的后面和照门（古代叫规，亦称望门）相连。照门上刻有定距离的尺度，匣的下面有扳机（古代叫悬刀）。发射时，先将弓弦向后拉，挂在钩上，对正目标瞄准后，一扣扳机，箭即射出。

西汉铜镞

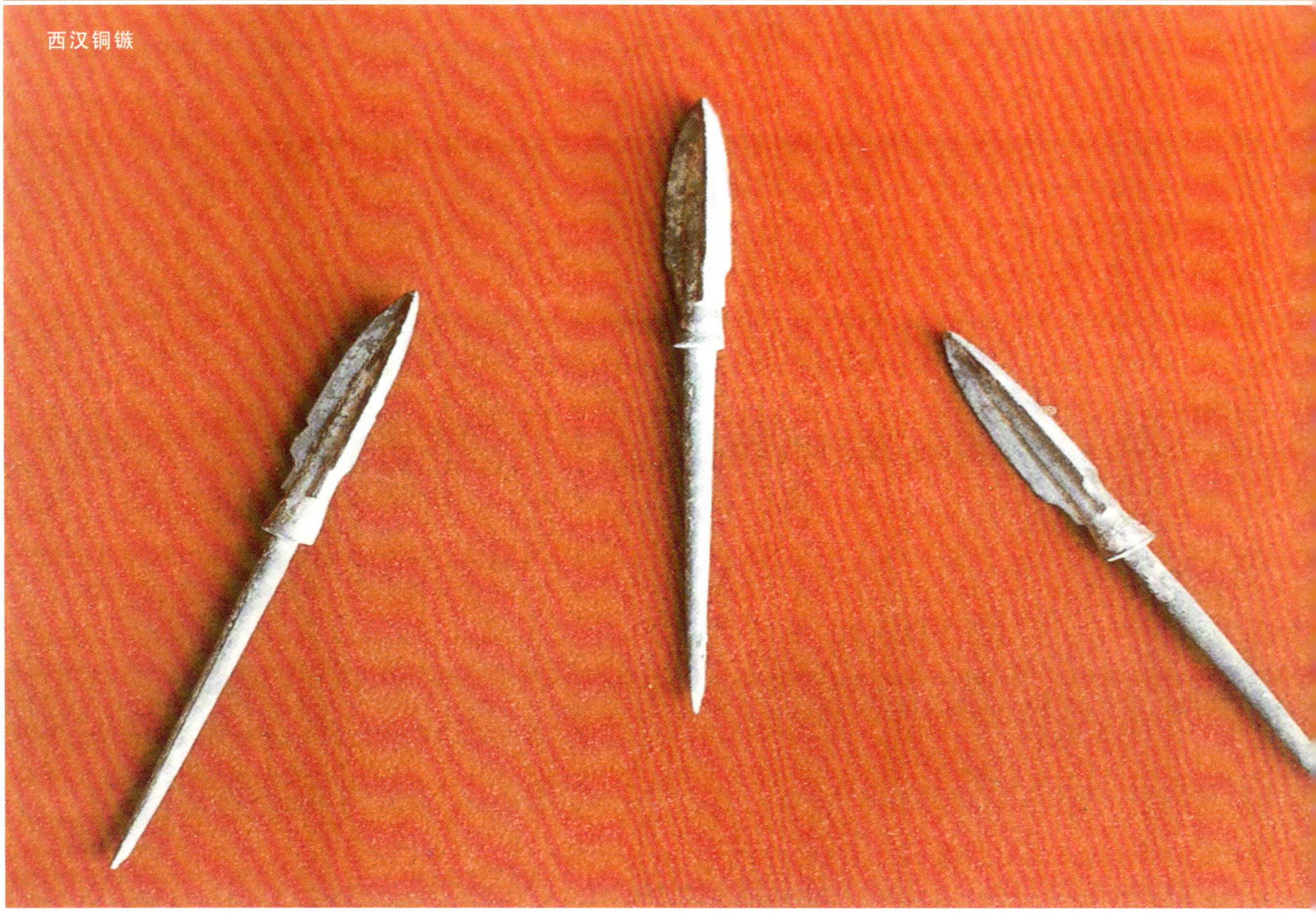

西汉兵器

Weapons in the Western Han Dynasty

西汉初时，还使用一些青铜兵器。由于冶铁技术和锻钢工艺的进步，钢铁兵器逐步增多，到西汉末期基本取代了青铜兵器。西汉的格斗兵器主要有长柄的戟、矛和短柄的刀、剑，远射兵器主要是弩和弓。

西汉铁戟，戟呈“卜”字形，更加锐利。

曹操像

孙权像

司马懿像

刘备像

三国至隋代的海军

The navy from the Three Kingdoms Period to the Sui Dynasty

我国从公元220年到618年，经历了三国、两晋、南北朝和隋朝4个历史时期。南北对峙，几个政权并存的分裂状态，阻碍了生产力的发展。但这一时期，水军对三国鼎立局面的形成，对晋灭吴、隋灭陈战争的胜利，却起了重要作用。

三国时期，曹操统一北方后，为进攻江南而创建了水军。但由于北方人不善于舟楫等条件的限制，曹魏水军与孙吴相比，始终处于劣势。

刘备在荆州也建有一支水军。蜀国建立后，因占据长江上游，具备扩建水军的条件，曾努力发展造船业，但所造船只的数量、质量都不及东吴。

吴国滨江临海，依靠发达的造船业，建立了强大的水军。据史籍记载，战船有5000余艘。船种除继承汉代的楼船、艨冲、斗舰、赤马、先登等之外，还出现了“往来如飞”的走舸、用于潜渡的“油船”和双船连接的舫船等。

树木丛生
百草丰茂
秋风萧瑟
洪波涌起
日月之行
若出其中
星汉灿烂
若出其里
幸甚至哉
歌以咏志

《东临碣石》
曹操
东临碣石
以观沧海

诸葛亮像

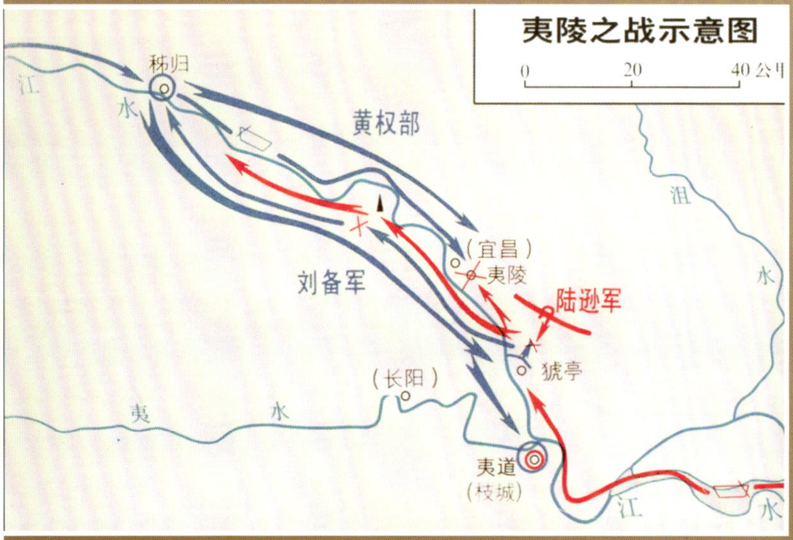

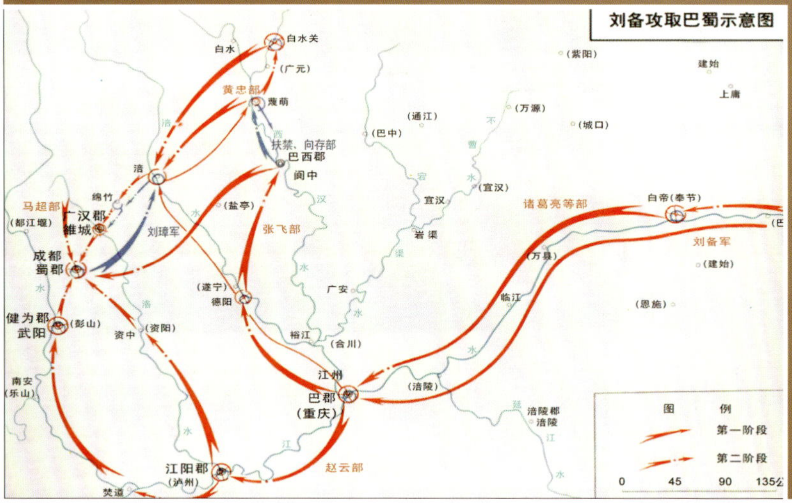

东汉末年，曹操初步统一北方后，于建安十三年（公元208年）率兵20余万南下。东吴孙权联合刘备在长江赤壁共同抵抗曹军。孙刘联军集结5万水师，以少胜多，大败曹军于赤壁。这次水战中，周瑜、诸葛亮的水战指挥艺术已达到顶级水平。他们利用曹军远来疲惫和麻痹轻敌而又不习水战的弱点，出其不意地采用火攻，接着水陆并进，大败曹军。这就是历史上著名的、又经小说家罗贯中渲染铺陈的“草船借箭”、“火烧赤壁”的赤壁之战。

战后，形成魏、蜀、吴三国鼎立的局面。

周瑜像

陆逊像

赤壁水战
The battle in Cibi

赤壁水战是我国历史上以弱胜强的著名战例。

今湖北浦圻赤壁

赤壁水战

The battle in Cibi

《赤壁水战》浮雕

《赤壁大战》国画

赤壁水战

The battle in Cibi

距今1700多年的吴国堪称东方的海上强国，吴国的战船高达三四丈，设有女墙战格，碇、篙、桨、橹一应俱全，船体宽大得可运载千余将士；更重要的是，战船已经高挂风帆，而且装备了东汉时代发明的船舵，操舵扬帆已经完全自如。这支庞大的海洋舰队，千帆竞发，浩浩荡荡，渤海、黄海、东海与南海，万里波涛无不刻印着吴国战船的航迹。

《蒲圻县志》有关赤壁之战的记载

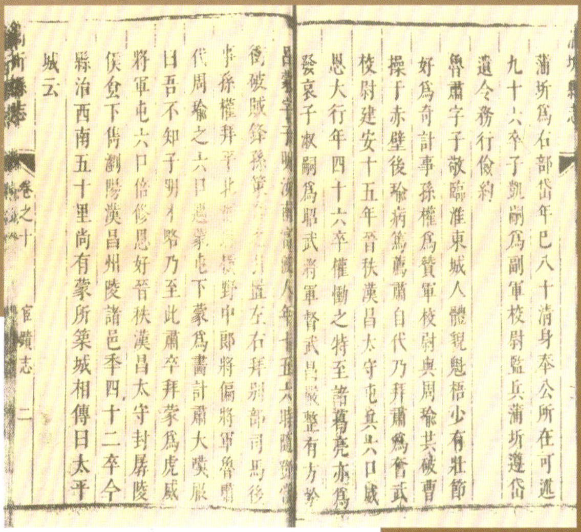
蒲圻縣志
蒲圻爲右部督年已八十清身奉公所在可進
九十六卒子凱嗣爲副軍校尉監兵蒲圻遵岱
遺令務行儉約
魯肅字子敬臨淮東城人體貌魁梧少有壯節
好爲奇計事孫權爲贊軍校尉與周瑜共破曹
操于赤壁後瑜病篤薦肅自代乃拜肅爲奮武
校尉建安十五年晉扶漢昌太守屯兵六口歲
恩大行年四十六卒權慟之特至諸葛亮亦爲
發哀子淑嗣爲昭武將軍督武昌嚴整有方於
呂蒙字子明汝南富陂人年十五六時隨鄧當
衡破賊鋒孫策[illegible]盡左右拜別部司馬後
事孫權拜平北[illegible]橫野中郎將偏將軍魯肅
代周瑜之六口憑蒙屯下蒙爲畫計肅大嘆服
曰吾不知子明才略乃至此肅卒拜蒙爲虎威
將軍屯六口倍修恩好晉扶漢昌太守封孱陵
侯食下雋劉陽漢昌州陵諸邑季四十二卒今
縣治西南五十里尚有蒙所築城相傳曰太平
城云
蒲圻縣志 卷之十 官蹟志 二

三国时期的船钉，湖北蒲圻出土

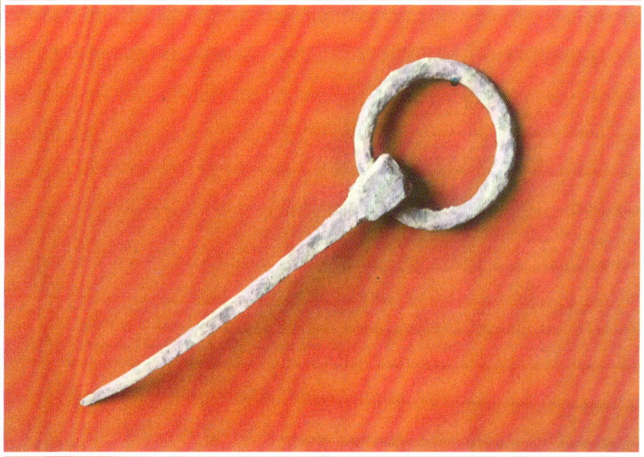

三国时期的船钉，湖北蒲圻出土

位于江西星子的『点将台』。相传，周瑜在鄱阳湖训练水军时，曾在此阅兵

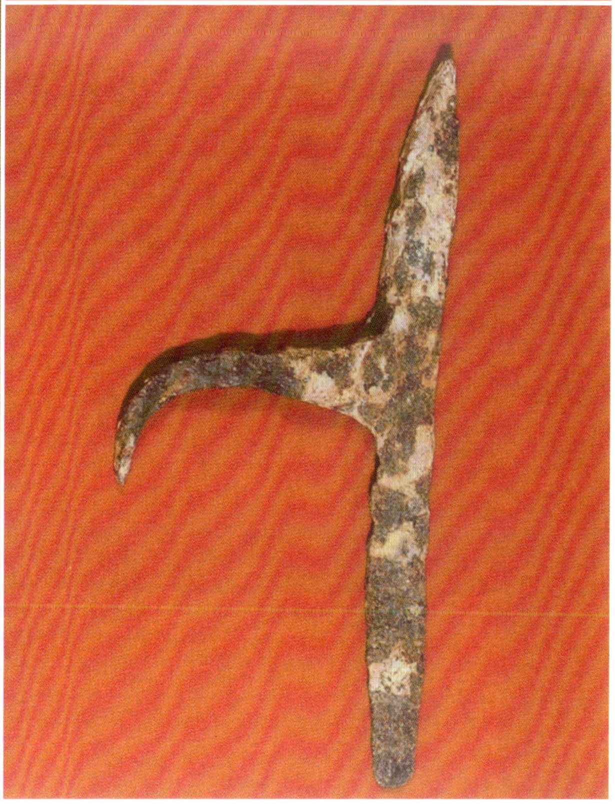

三国时期的铁戟

《夷陵之战》国画

晋灭吴战争

The battle of Jin Dynasty extincted Wu Dynasty

司马炎像

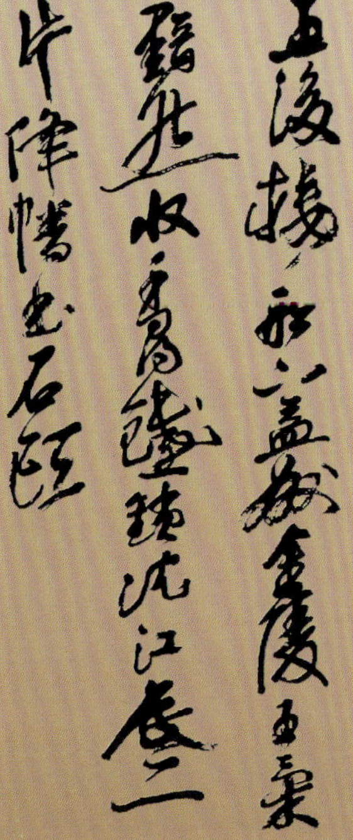

西晋要吞灭东吴，必须首先突破长江天险，歼灭东吴水军。因此，这场战争其实就是水战。长江天堑是难以克服的障碍，而吴国以舟楫为舆马，水军向来强大。曹操败于赤壁，曹丕攻吴临江而返，都因受制于长江。司马炎接受教训，编练了一支强大的水军。这支水军由龙骧将军王浚率领，从巴蜀启航，沿江东下，破铁锁、除铁锥，斩关夺隘，所向披靡，只用40多天就驶抵吴都建业（今南京），发起总攻。最终迫使吴主孙皓投降，灭亡了吴国。

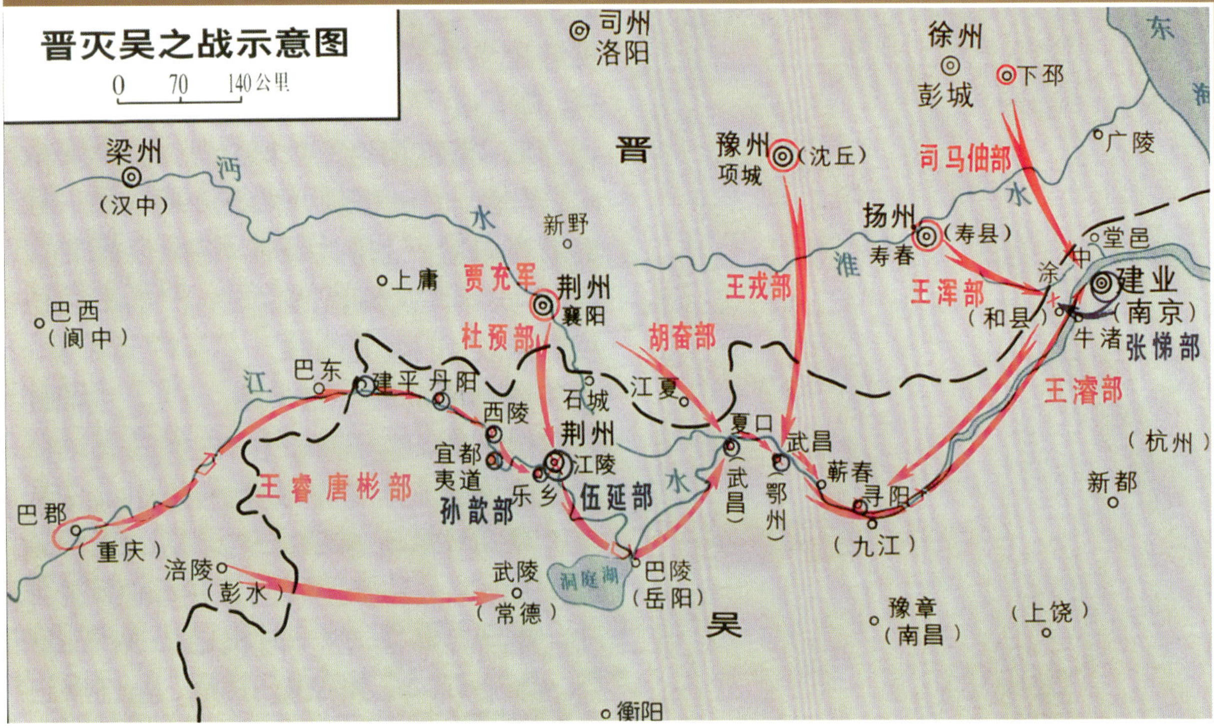

形成时期

王浚楼船下益州

灭吴水战

孙恩、卢循海上起义

Sun En and Lu Xun lead insurgence at sea

东晋末年，阶级矛盾极其尖锐。公元399年，孙恩、卢循在舟山群岛率众起义。义军先后4次渡海登陆，在东南八郡民众的响应下，向东晋王朝发起进攻。

孙恩、卢循起义

公元401年春，孙恩十万大军分乘千余艘战船，第三次跨海进攻，逆长江而上，直逼京口（今镇江），威胁东晋京都建康（今南京）。因东晋倾全力御守，起义军在攻克广陵（今扬州）后，退出长江，渡海北上郁州（今江苏灌云），在郁州海面与东晋水师展开一场激烈海战，后退回舟山群岛。

孙恩、卢循的起义水军，纵横驰骋12年之久，震撼了半个中国，给东晋王朝以沉重的打击。这是我国古代江海作战史和农民战争史上的壮举。

隋陈水战

隋陈长江水战

Yangtze River battle between the Sui Kingdom and the Chen state

隋文帝灭陈，统一中国，水师起了重要作用。

隋代初期，隋文帝杨坚为消灭南方陈朝、统一中国而大造舰船，编练水军。战船最大的名曰“五牙”，可容士兵800人；其次为“黄龙”，可容百人。

隋文帝杨坚

五牙战船

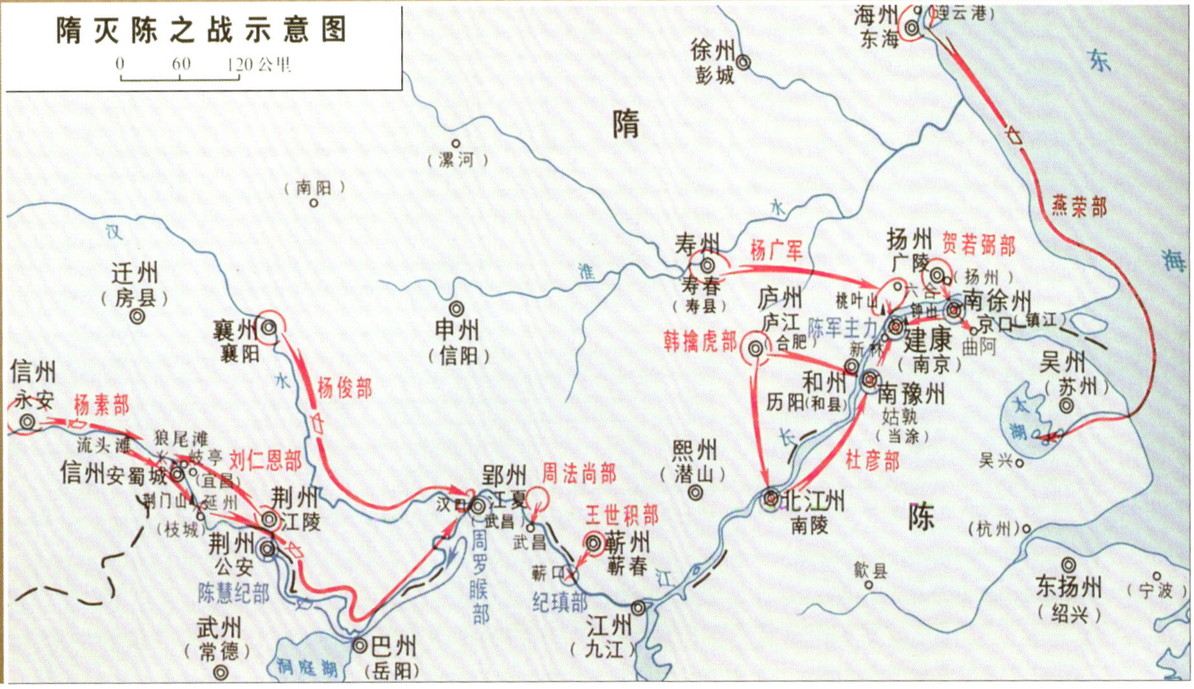

隋陈长江水战

Yangtze River battle between the Sui Kingdom and the Chen state

《隋军攻克建康》国画

战中，隋军自长江三峡顺流而下，大破陈水军。图为西陵峡口

建康石头城（今南京附近）

公元588年，隋军50余万人分8路攻陈。其中水军3路，在长江上游和下游同时进攻，配合主力渡江，从正面夺取建康（今南京）。陈后主被俘，陈朝灭亡。自东晋、十六国以来的270余年南北分裂的局面结束，隋朝统一了中国。

隋唐大运河

Sui and Tang Grand Canal

隋代的军事工程在中国古代军事史上占有举足轻重的地位，南北大运河的开凿，代表了隋代军事工程的辉煌成就。

《隋唐运河兴扬州》国画

隋运河今貌

大运河是隋统治者役使民众开凿的巨大军事、水利工程。它南起余杭（今杭州），北达涿郡（今北京），全长2000余公里，是南北交通的大动脉，对中国古代政治、经济和军事的发展起了不可或缺的重要作用。

The development period of ancient Chinese navy is from the early Tang Dynasty to the mid-Northern Song Dynasty (618 A.D. to 1129 A.D.). In this period, the social production was in rapid development, science and technology also made a great progress, so shipbuilding and navigation were increasingly thriving, yet the emergence of firearms and the compass were used in navigation, leading to essential changes of the navy's equipment level and combat capabilities.

中国古代海军的发展时期

从唐朝初期到北宋中期（公元618年至1129年）是中国古代海军的发展时期。这一时期，社会生产发展较快，科学技术也有长足进步，因此，造船业和航海业日趋兴旺，而火器的出现和指南针用于航海，更使水军的装备水平和作战能力都发生了质的变化。

繁荣昌盛的唐朝

Thriving and prosperous Tang Dynasty

唐太宗李世民像

唐朝是一个强大繁荣的朝代。尤其是唐朝前期经济发达，政局稳定，文化昌盛，国力雄厚，先后出现了“贞观之治”和“开元之治”，不仅成为我国封建社会空前的繁荣时期，而且在当时世界上处于文明发达的领先地位。

資治通鑑 卷一百九十一

……吾接位日淺，國家未安，百姓未富，且當靜以撫之。一與虜戰，所損甚多，虜結怨既深，懼而脩備，則吾未可以得志矣。故卷甲韜戈，啗以金帛，彼既得所欲，理當自退，志意驕惰，不復設備，然後養威伺釁，一舉可滅也。將欲取之，必固與之，此之謂矣。

唐宋的造船技术

Shipbuilding technology in Tang and Song Dynasties

唐代造船规模巨大，并在世界上最先使用了横舱壁、水密隔舱和披水板等先进设备和技术。战船有楼船、艨冲、斗舰、走舸、游艇、海鹘六种。

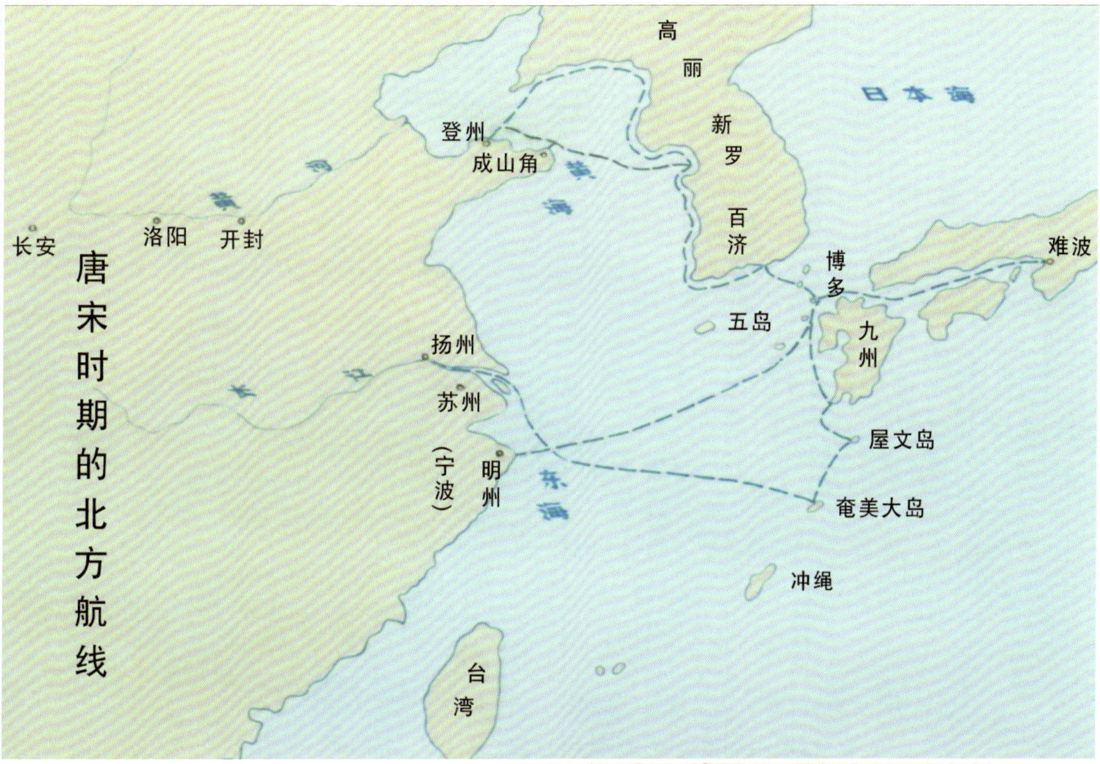

日本镰仓时代画：中国唐船

唐船

唐朝初期，我国的造船业已经形成一定的规模。公元644年，唐太宗李世民为了东征作战的需要，在洪、饶、江三州（今江西省南昌、鄱阳、九江）大造战船，在很短时间内就赶造出战船400多艘，后来又在江南十二州造船几百艘。

唐代船舶修理图

唐宋的造船技术

Shipbuilding technology in Tang and Song Dynasties

唐宋两代造船业高度发展，拥有先进的造船技术和巨大的造船能力。由于采用船板钉钉连法、船模造船和水密舱等先进技术，唐宋两代已能建造出600吨的远洋船舶。造船工场遍及全国，有的工场一年造船量达2000艘之多。这就为航运和水军的发展，提供了雄厚的物质条件。

唐代船舶行驶图

1973年，在泉州湾后渚港发现的宋代海船，长24
宽9.15米，舱内尚存有香料、药物、陶瓷和铜钱等。

北宋时期，由于航海业的兴起，司南式磁性指南工具因稳定性和灵敏度差，而获得重大改进，以人造磁石代替了天然磁石，可根据要求改变其形态，造出比磁勺灵敏的磁针。磁针指南的方法也有多种——指甲法、碗唇法、缕悬法、水浮法等，其中，水浮法最适用于航海。这一科技成果一直延续至今，现代海轮不论多么先进，都要安装磁罗经，磁罗经上的磁针依然使用水浮法指向。

南宋中后期，人们把水浮法的磁石指南针与方位标志装置组合成一个完整的仪器，这种仪器也很快用于海上航行。

悬磁法指南针是北宋中期利用人工磁体制造的四种针形指南工具之一。由于空气阻力小，磁针敏感性强，指示较准确。

指南针

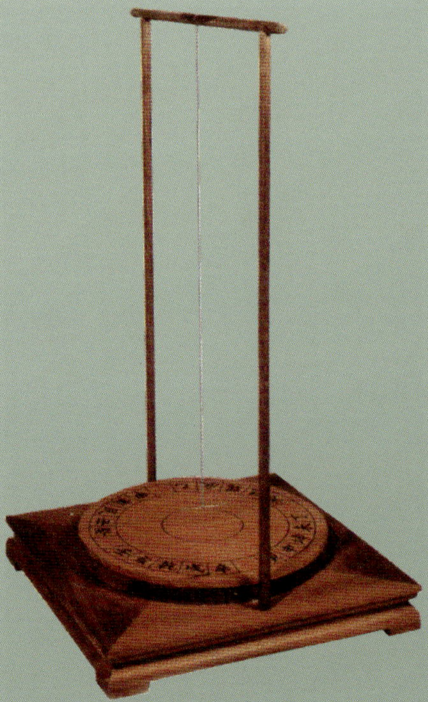

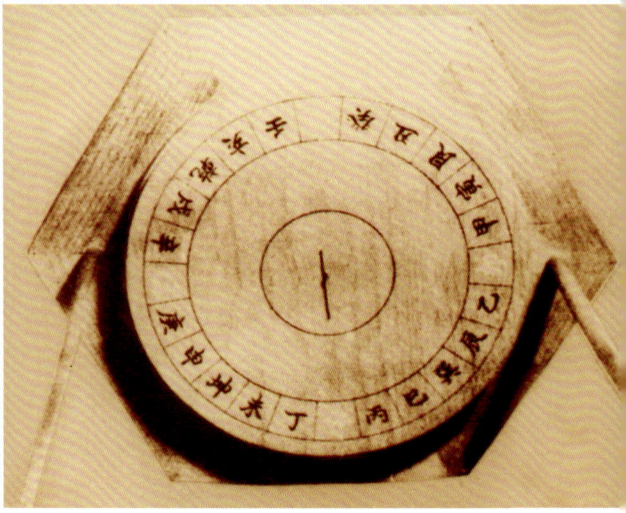

唐宋的造船技术

Shipbuilding technology in Tang and Song Dynasties

宋船

宋承唐制，航海和造船技术又有了进一步发展，造船地点比唐代还多。

宋朝水军的战船配套发展，在保持传统船种（如楼船、斗舰）的同时，注重研制新的船种（如铁壁铧嘴船等）；在制造内河战船的同时，努力发展海洋战船；在生产帆桨船的同时，发展以轮代桨的车船。武备方面，随着火药的发明，火器已开始出现，并逐步装备战船。这对水军的发展和水战方法的变革，产生了深远的影响。

车船出现于南北朝，再现于唐代，广泛使用于宋代。

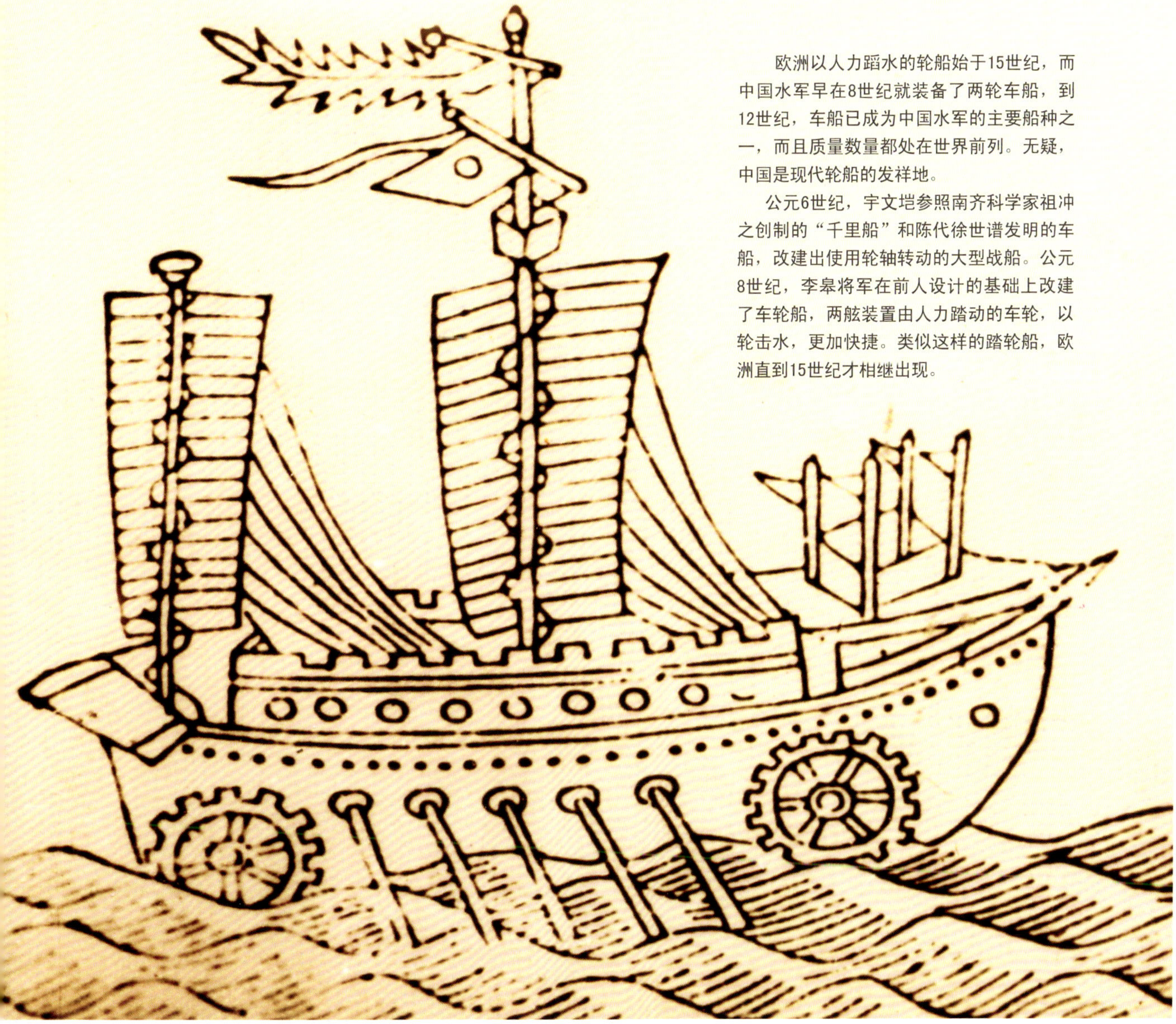

欧洲以人力蹈水的轮船始于15世纪，而中国水军早在8世纪就装备了两轮车船，到12世纪，车船已成为中国水军的主要船种之一，而且质量数量都处在世界前列。无疑，中国是现代轮船的发祥地。

公元6世纪，宇文垲参照南齐科学家祖冲之创制的“千里船”和陈代徐世谱发明的车船，改建出使用轮轴转动的大型战船。公元8世纪，李皋将军在前人设计的基础上改建了车轮船，两舷装置由人力踏动的车轮，以轮击水，更加快捷。类似这样的踏轮船，欧洲直到15世纪才相继出现。

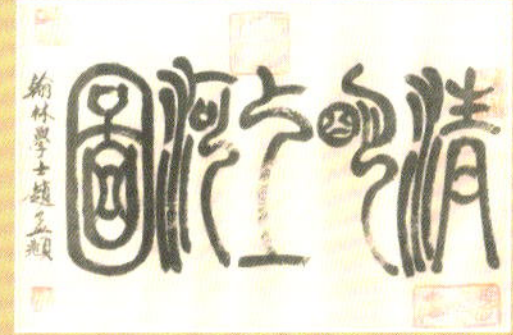

宋代名画《清明上河图》（局部）

《海洋文明的跨越》浮雕

唐宋的航运

Shipping in Tang and Song Dynas

《日本遣唐使船图》

唐使遣日

唐宋两代航运业空前繁荣，内河航运四通八达，远洋航线南北呼应，连接日本、朝鲜以及南洋、西亚和东非诸国，促进了经济文化的国际交流。

从唐贞观四年（630年）始至乾宁元年（894年），日本共19次派遣唐使来华。日本遣唐使来华，加强了中日两国文化交流。

阿拉伯人苏莱曼著《印度中国游记》：“中国唐代的海船特别巨大，抗风力强，能够在波涛险恶的波斯湾畅行无阻。”“唐代的中国帆船由于体积很大，吃水太深，不能直接进入幼发拉底河口。”

宋·周去非《岭外代答》：“木兰舟浮海而南，舟如巨室，帆若垂天之云，（舵）长数丈，一舟数百人，中积一年粮。”

宋·徐兢《宣和奉使高丽图经》：“客舟长十余丈，深三丈，阔二丈五尺，可载二千斛粟，以整木巨枋制成，甲板宽平，底尖如刀。每船十橹，大桅高十丈，头桅高八丈。后有正舵，大小二等。碇石用绞车升降。每船有水手六十人左右。”

鉴真东渡·唐代卓越的民间航海活动

Zhen Jian crosses the ocean to Japan · excellent civil maritime activities in the Tang Dynasty

曾由鉴真担任主持的扬州大明寺中仿照日本奈良唐招提寺建成的鉴真纪念堂。

鉴真是唐代赴日传法高僧，日本人尊称“过海大师”。

鉴真是唐代的著名高僧，唐天宝元年（公元742年）应日本来唐留学僧人的邀请，赴日本讲经说法。

鉴真东渡，前后6次历时12年，第6次才获成功。而最后一次是在鉴真双目失明的情况下进行的，可见其意志之坚强。鉴真到达日本奈良后受到日本举国上下的欢迎。他在日10年中，开创了日本的律宗（也称“南山宗”，中国佛教宗派之一），同时广泛传播中华文化，为中日文化交流作出了卓越的贡献。

唐招提寺是日本佛教律宗的总寺庙，由中国唐代高僧鉴真和尚于天平宝字3年（公元759年）创建，寺内东北角有鉴真和尚陵墓。

白江口海战

唐代水军的作战

The water-forces' combats of Tang Dynasty

从唐太宗到唐玄宗的一个世纪，唐代海上实力非常强盛。其水军作战，主要在我国东北境内和朝鲜半岛水域，同高丽、百济和日本进行的。

公元663年，倭国（今日本）以援助百济为名，进攻新罗。唐朝派大将刘仁轨率领170多艘战船，援助新罗抗日，与日军大战于白江口（朝鲜锦江入海口），四战四捷，焚毁日本战船400多艘。百济王逃走，倭军几乎全军覆没。从此900年间，日本人不敢冒犯朝鲜。

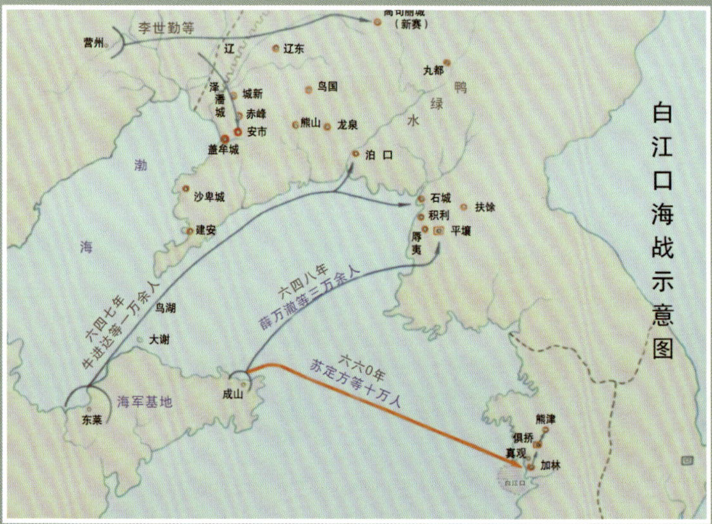

白江口海战示意图

宋代武士像

宋灭南唐的战争

The conquest war of Southern Tang by Song Dynasty

公元960年，赵匡胤发动陈桥兵变，建立宋朝。

为统一全中国，赵匡胤采取南攻北守、先弱后强各个击破的战略，吞灭南平、武平、后蜀、南汉等割据政权后，重点进攻南唐。

宋灭南唐之战，是一次大规模的江河作战。宋军5路出师，分进合击，其中2路是水军：一路为主力，自荆南沿长江东下直取金陵；一路战略迂回，自汴水而下，经扬州入长江，从南面逆水而上进攻金陵，对灭亡南唐起了关键作用。

宋灭南唐战争示意图

宋太祖赵匡胤像

From mid-Northern Song Dynasty to the late Southern Dynasty, was the anti-aggression war period for ancient Chinese Navy. In this period, emperors who mastered national lifeline became increasingly weaker and easily bullied. Khitan, Jurchen and Mongolian in the north continuously intruded into Central Plains. Southern Song Dynasty's army and civilians fought back, the most well-known battles on water were those of Huang Tian Dang Lake battle, Chen Jia Dao Island battle and Cai Shiji River battle.

中国古代海军的抗战时期

北宋中期至南宋末期，是中国古代海军的抗战时期。这一时期，掌握民族命脉的皇帝，一个比一个软弱可欺。北方的契丹、女真和蒙古铁蹄军，连年不断地侵扰中原大地。南宋军民奋起反击，在水军的历次战斗中，黄天荡水战、陈家岛海战、采石矶水战最为著名。

金兀术率大军直逼临安

韩世忠水军在黄天荡大败金军

黄天荡水战

Huang Tian Dang Lake battle

南宋抗金形势图

梁红玉击鼓抗金

南宋初年，金国大将金兀术率金军侵占了长江以北的大片领土，乘胜直捣临安，南宋王朝岌岌可危。

1130年3月，岳飞的盟将韩世忠和被誉为“巾帼英雄”的韩氏夫人梁红玉，各率一支水军，在长江岸边镇江焦山对渡江的金军打了一次漂亮的伏击战，以8000水军把10万金军打得落花流水，大获全胜。

金副元帅印

金军由山东半岛浮海南下

1161年9月，金军由海陆两路大举南侵。海上兵力由苏保衡率领，共有战船600多艘，载水军7万多人，南下途中停泊在山东灵山卫附近的陈家岛。宋将李宝奉命率水军3000人、120艘战船从平江（今江苏苏州）出发，沿东海北上，拦截金军舰队。金军仓促应战，来不及张帆起碇，阵脚一片混乱。李宝指挥战船直插敌阵，与敌展开白刃战，全歼了金舰队。

陈家岛海战，李宝以3000人全歼7万多人的金水军，大获全胜。

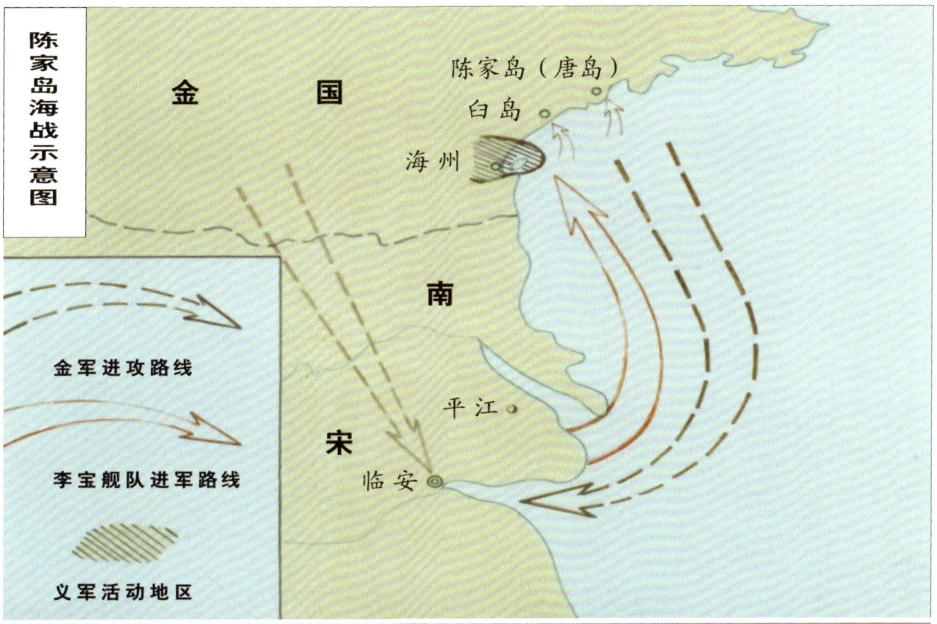

陈家岛海战

The Chen's Island battle

陈家岛海战中，金军副将完颜郑家奴等6个将领丧命，仅苏保衡只身逃脱。英勇的南宋水军创造了海上长途奔袭、以少胜多的光辉战例。这次黄海奔袭战，粉碎了金军从海上攻占宋都临安的战略计划，对完颜亮的武装力量是一次极为沉重的打击。

李宝下令向金战船发射火箭，金军几百艘战船陷入一片火海之中。

霹雳炮声震如雷，烟火迷漫。宋水军再战获胜，焚敌船300艘

金帝完颜亮率主力17万人进抵淮河北岸

公元1161年11月，南宋水军将领虞允文率部于采石矶（今安徽当涂西北）阻击南下的金军。面对金军统帅完颜亮的数百艘战船，虞允文决心背水一战。他一边命令宋军车船猛冲金战舰，一边调集弓箭手沿江齐射。宋军水陆配合，与金军激战一整天，毙敌4000多人。翌日，金舰队反扑，虞允文部署战船发射霹雳炮，焚毁金战船300多艘，金军死伤无数。这就是历史上著名的“采石矶大捷”。

宋水军猛攻金军船队

采石矶水战

Cai Shi Ji River battle

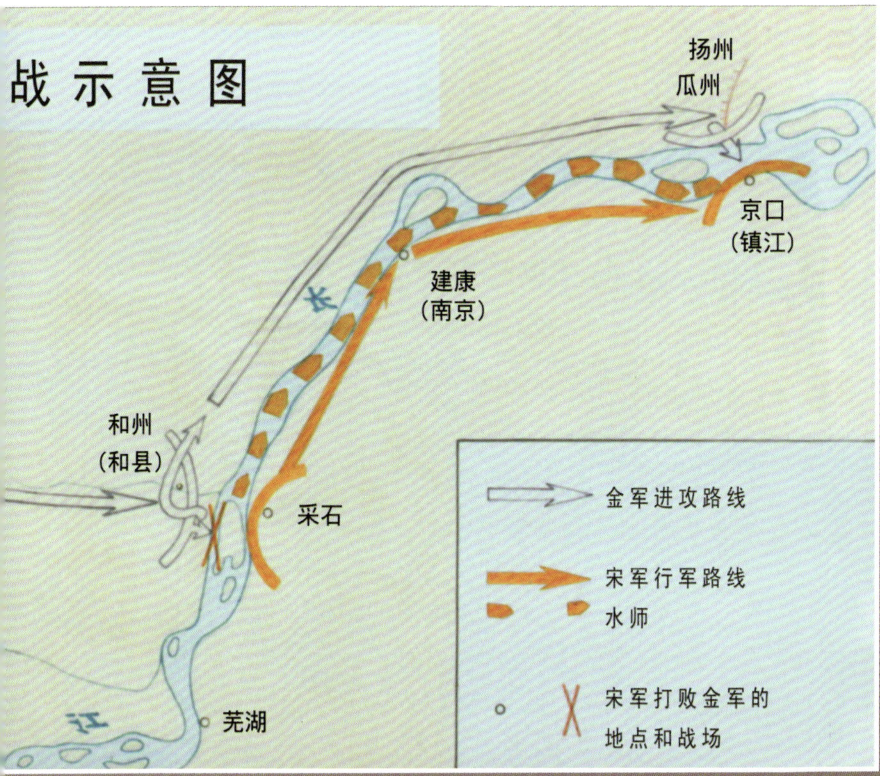

完颜亮惨败后移兵瓜州，妄想夺取镇江。虞允文洞察贼心，当即分兵驰援镇江，令水兵踏车船在大江中往来巡逻，船行如飞，吓得金军不敢妄动。虞允文以逸待劳，于金军惊骇狐疑之际，迅雷不及掩耳地直扑金军，1.8万人将40万的金军打得丢盔弃甲，溃不成军，这才使南宋王朝转危为安。

此后，出现了宋、金南北相峙百余年，南宋长期偏安一隅的局面。

宋水军大败金军

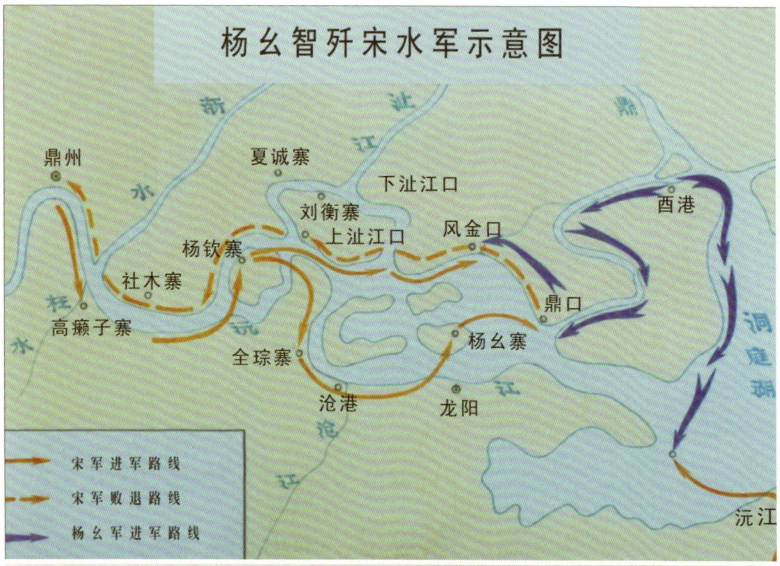

起义军将前来劝降的宋朝官员用酒灌醉，抛入湖中

1130年，洞庭湖地区发生了钟相、杨幺领导的农民起义。他们高举“等贵贱，均贫富”的旗帜，在“陆耕水战”的方针指导下，建立了一支强大的水军。义军以速度快、威力大的车船和机动性强的“海鳅”船协同作战，先后粉碎了宋军7次围剿，坚持了6年斗争。后因力量悬殊和叛徒出卖而失败。

起义军的车船

洞庭湖起义
Dongting Lake uprising

In 1271 A.D. Kublai Khan changed the title of the reigning dynasty to Yuan. Although just lasting for 98 years, the Yuan Dynasty was a unitary multinational country and a vast empire stretching over Europe and Asia. In its sphere of immense power, the Yuan Dynasty conducted an extensive sea transporting and maritime expansion for developing sea communication. It built a large number of vessels on the river and sea, the navy became more powerful than the previous dynasties.

中国古代海军的拓疆时期

公元1271年，元世祖忽必烈改国号为元。元朝只有98年，但却是一个多民族统一的国家，也是一个幅员辽阔横跨欧亚的大帝国。在其势力所及的广大地域内，元朝为拓展海上交通进行了大规模的海上漕运和海上拓疆，建造了大量的江海船舶，水军也比前代日趋强大。

元军头盔

元、宋水上决战

The Decisine Battle on Water between Yuan and Song

忽必烈灭南宋之战要图

蒙古族新首领忽必烈接受了金军败于水战的血的教训，在宣誓灭宋之前就着手建造战船，大练水军，使金军既占“北马”的优势，又有“南船”之长。在大规模发展海军的同时，努力改进武器，在战船上装备了铁或铜铸造的火铳和滑膛炮，这也是世界上最早使用金属制造的管形火器。

1268年至1273年的襄樊水战大捷之后，忽必烈立即挥师南下，以战船万艘、精骑数万的强大阵容，水陆并进，顺长江夺建康（今南京）、陷临安（今杭州），歼灭了南宋水军主力。

1276年，元军攻陷临安后，兵分两路，其中一路以水军出明州（今宁波），沿海南下，攻取闽、粤。1279年，元水军追歼宋水军直至南海崖山（今广东新会崖门附近），最后消灭了南宋王朝。

元成宗铁穆耳

元世祖忽必烈

蒙古军攻陷襄樊城

沙船。沙船起源于江浙一带。特点是：底平，方头方艄，利于行沙，不怕搁浅；吃水浅，受潮水影响小；船宽，稳定性大，有披水板、硬水木和太平篮等减摇设备；多桅多帆，快速性好。由于沙船船底较平，不能破大浪，故主要航区是北方海域。

《宝津竞渡图》

元代的造船和航海

Shipbuilding and navigation in the Yuan Dynasty

元承宋制，统治者深知水运与国计民生的密切关系，于是致力于发展江海航运；另一方面，穷兵黩武，着眼于扩充水军，因此造船业和航运业比宋代更为发达。据史籍记载，仅1274年至1292年，就造兵船17800多艘，其中海船9800艘，大的海船3帆至12帆，可载士兵1000人。

由于元朝漕运的规模超过以往任何一个朝代，最高年运量达到350万石。为此，开辟了刘家港（今江苏太仓）至直沽（今天津）的直通航线。这条航线离岸航行，航路直，航期短，奠定了近代北洋航线的基本走向。《大元海运记·漕运水程》记述：“当舟行风信有（时），自浙至京师，不过旬日而已。”

《龙池竞舟图》

元代的造船和航海

Shipbuilding and navigation in the Yuan Dynasty

元代的远洋航海活动，其范围比宋代有所扩大。其通往日本的东航线，走向与宋代大体相同。西航线所到地区，元代以前统称为“海外诸国”或“海南诸国”。到了元代，随着航海贸易往来地区的增多，形成了新的地理概念，把航行区域分为西洋和东洋。东西洋大致以马六甲海峡的南巫里（亚齐）为分界，这一概念一直沿用到近代。

从至元十六年（1279年），忽必烈派广东招讨司达鲁花赤和杨庭璧出使具蓝（今印度西海岸），到至元二十三年（1286年），元朝近与南洋，远与印度及阿拉伯半岛已经通航。在遣使沟通西洋航路的同时，元朝廷还加强了同邻国真腊（今柬埔寨）和占城（今越南中部）的海上联系。可见元代航海事业之发达，已超过以前各个朝代，也为以后明代航海的发展，奠定了基础。

泉州刺桐港祈风石刻所描绘的祈风活动，从一个侧面反映了当时海上交通十分兴旺

元代航运主航道

元代长江口航标

《出使波斯国石刻》的当事人是泉州籍海商。此人受波斯国之托向元朝呈送贡品，因而受赏，又被委派为中国使者出使波斯。石刻中包括了对忽鲁谟斯木都骨剌等国的记载。

伊斯兰教在刺桐港（今泉州）大盛时，来自世界各地的穆斯林汇聚于此。图为元代建于刺桐港的清净寺(清真寺)。

马可·波罗像　　马可·波罗的出生地

《马可·波罗游记》与元代的“丝绸之路”

"The Travels of Marco Polo" and "Silk Road" of the Yuan Dyna

马可·波罗游记路线图

拓疆时期

马可·波罗，1254年生于威尼斯。少年时便与其父亲和叔父开始了他神奇而伟大的旅行——先陆路后水路，横跨欧亚大陆。他曾受到大汗忽必烈的隆重接见，当时忽必烈59岁。

马可·波罗像

忽必烈像

忽必烈接见使臣

在随从陪伴下的元世祖忽必烈

出行25年后，马可·波罗回到威尼斯。1298年，马可·波罗作为战犯被关入热那亚监狱，狱中，由他口述，请狱中同伴鲁梯谦记录，用奇幻绚丽的文字描绘了广饶的蒙古草原和威仪显赫的大元王朝，宝库、庙宇、驼铃与海上奇观历历在目……终于，写成一本世界奇书——《马可·波罗游记》。

马可·波罗游记与元代的“丝绸之路”

"The Travels of Marco Polo" and "Silk Road" of the Yuan Dynasty

喀泰兰地图

《马可·波罗游记》最古老的版本

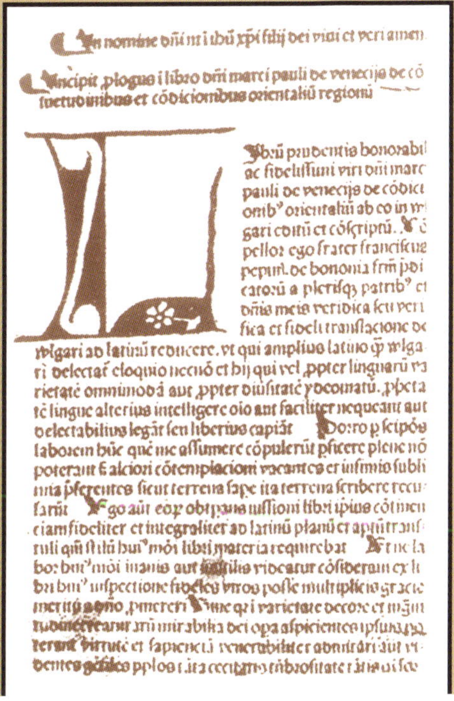

In nomine dñi nri ihu xpi filij dei viui et veri amen

Incipit plogus i libro dñi marci pauli de veneciis de cõsuetudinibus et cõdicionibus orientaliũ regionũ

Librũ prudentis honorabilis ac fidelissimi viri dñi marci pauli de veneciis de cõdicionibus orientaliũ ab eo in vulgari editũ et cõscriptũ. Cõpellor ego frater franciscus pepinũ de bononia frm pdicatorũ a plerisq patribus et dñis meis veridica seu verifica et fideli translacione de vulgari ad latinũ reducere. ut qui amplius latino q vulgari delectant eloquio necnõ et hij qui vel pter linguarũ varietatẽ omnimodã aut pter diuersitatẽ ydeomatũ pprietatẽ lingue alterius intelligere oio aut faciliter nequeant aut delectabilius legãt seu liberius capiãt.

晚年的马可·波罗

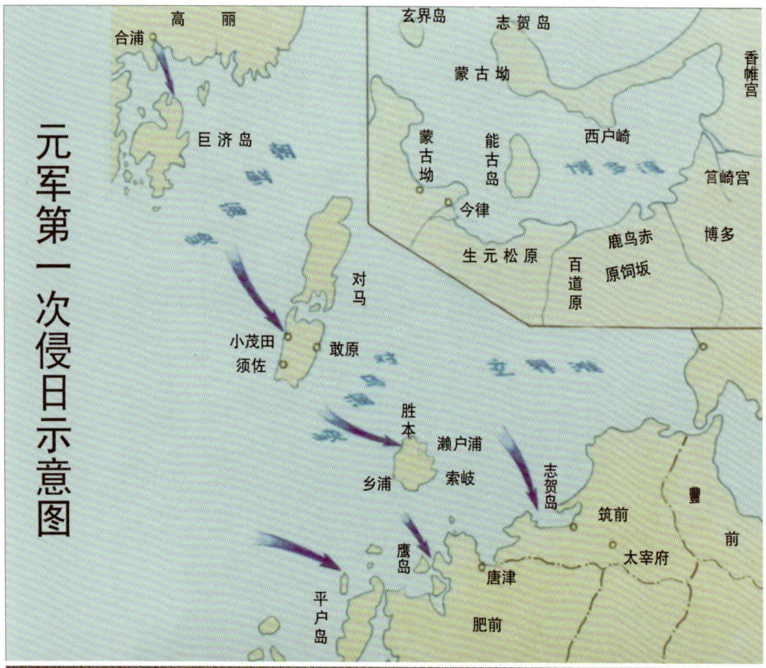

元军第一次侵日示意图

日军与元军海上作战

第一次东征日本

The first east expendition against Japan

元世祖忽必烈依靠汉族地主的支持，建立了封建王朝，但奴隶制的残余和影响依然存在。忽必烈和铁穆耳仍把对外扩张视为蒙古大汗应有的崇高事业，在攻灭南宋的同时，不断对周边国家发动了频繁的征战，其中东征日本、进攻占城、南击爪哇和经略琉球为海上用兵，进军安南则是水陆配合作战。

至元十年（1273年），元朝与日本“通好”的努力失败后，忽必烈决定用武力打开日本的门户。1274年，元朝廷以战船900艘、蒙汉军、高丽军和高丽水手共3.2万人，进攻日本。元军登陆成功，并占领了某些地区，但兵疲矢尽，伤亡不少。日军前线指挥藤原经资率500名骑兵阻击元军，元军副帅中箭受伤；夜间又遭暴风雨袭击，船只触礁损失惨重，元军被迫撤退回国。

上岸后的元军

在日本登陆的元军

北条时宗像（1250—1284）

1268年，北条时宗年方18岁，开始主持日本幕府政务。他组织日本军民抵抗元军的入侵

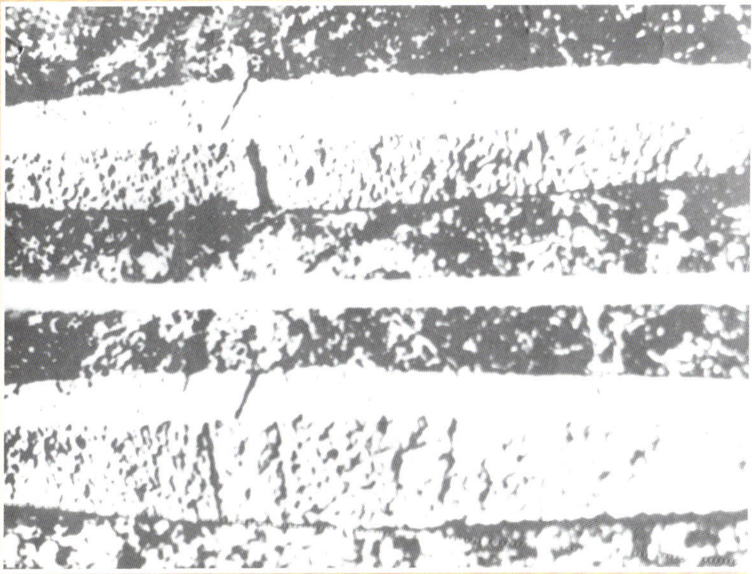

留在日本元战船的碇石

元代的海上扩张

The maritime expansion of the Yuan Dynasty

忽必烈致日本的国书

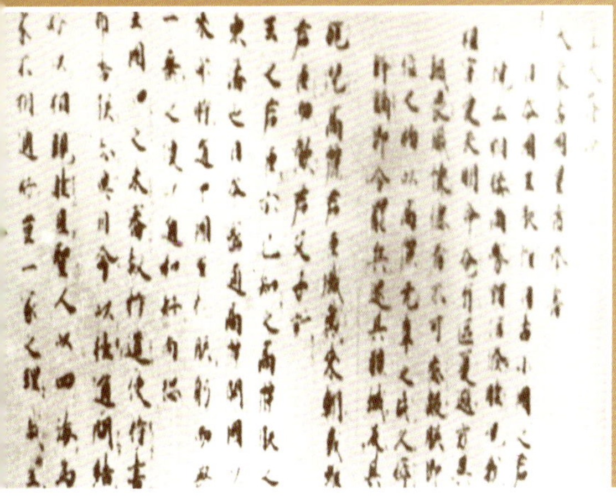

元军铜碗口炮

元世祖的舰队

蒙古军战船图

元代的海上扩张

The maritime expansion of the Yuan Dynasty

抵抗元军的日本武士

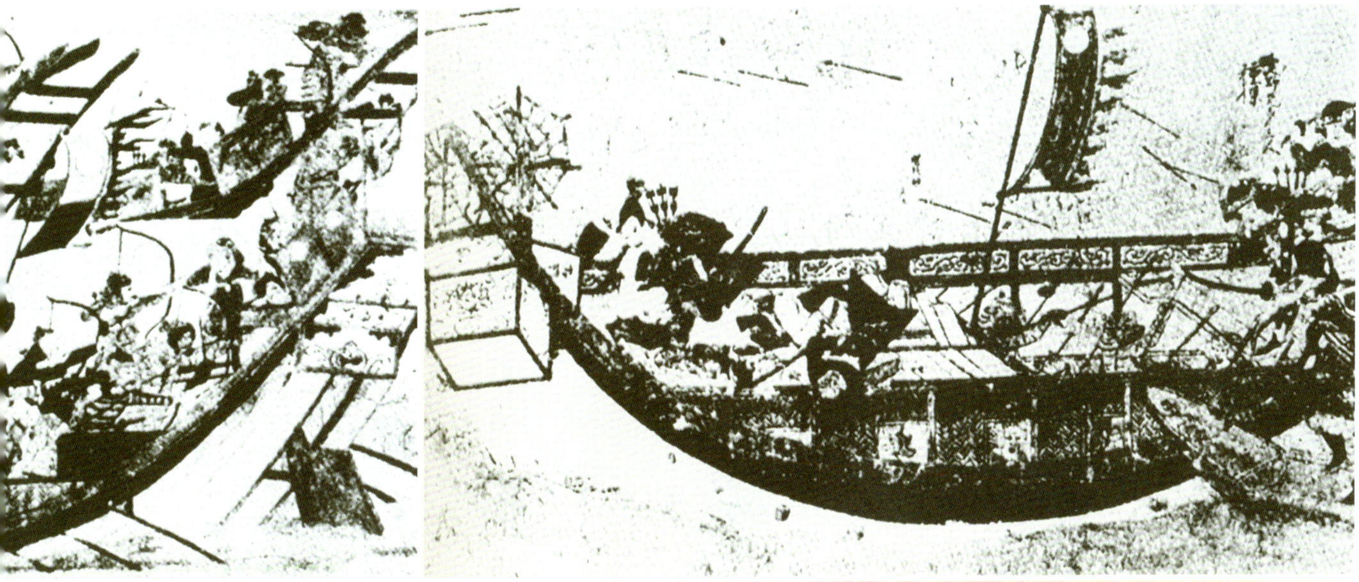

蒙古军海上作战图

至元十八年（1281年），忽必烈又发兵14万、战船4000余艘，分两路再犯日本。东路军从合浦起航开往巨济岛，直驶对马岛登陆。

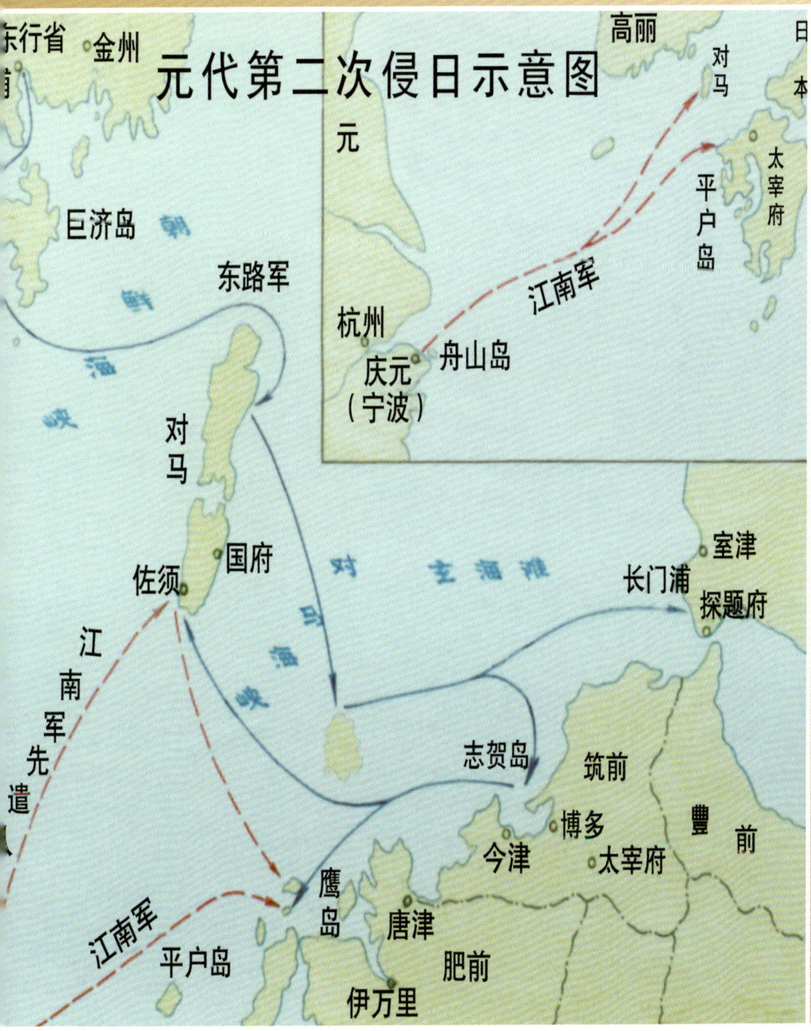

第二次东征日本

The second east expendition against Japan

守岛日军顽强抵抗，全部战死。骄横的蒙古军首领一边下令大肆杀掠，一边想争头功，在对日本海防、海情缺乏侦察和研究的情况下，贸然率军驶向博多湾。孰料，刚与江南军会师就遭台风袭击，元军船毁人溺，死伤大半。元军被迫撤退，遗留在日本海岛上的3万余元军士兵不是战死，就是被俘。

元兵出征爪哇航线图

进攻占城 进军安南 南击爪哇 经略琉球

1282年，忽必烈派遣江浙、福建、湖广兵5000人，海船100艘、战船2500艘，循海道进攻占城。占城士兵英勇抵抗，并抄袭元军归路，占城王避居深山誓不屈从。

1286年，忽必烈下诏东征日本，集中力量进攻安南。元军此次南征，攻城掠寨，连连获胜。但士卒疲惫又不服水土，多染疾病，加上安南军民的英勇反抗，已夺取的关隘纷纷失守，元军被迫撤退回国。

1292年，忽必烈出动战船千艘，兵犯爪哇。此次出兵，死士卒3000余人，同样铩羽而归。

此外，1291年和1297年，元军两次经略琉球，都未获成功。

元代的海上扩张
The maritime expansion of the Yuan Dynasty

The Ming Dynasty is the summit of the ancient Chinese navy. Besides consolidating coastal fortification, this period saw three world-renowned feats, including the world-famous expeditions to the west by Zheng He, the war to help Korea to expelling Japanese pirates, and Zheng Chenggong expelling Dutch invader's from Taiwan.

中国古代海军的鼎盛时期

明代是中国古代海军的鼎盛时期。这一时期，在普遍加强沿海设防的同时，还有三大壮举——举世闻名的郑和下西洋、震撼中外的援朝逐倭战争和郑成功驱逐荷虏（荷兰）收复台湾。

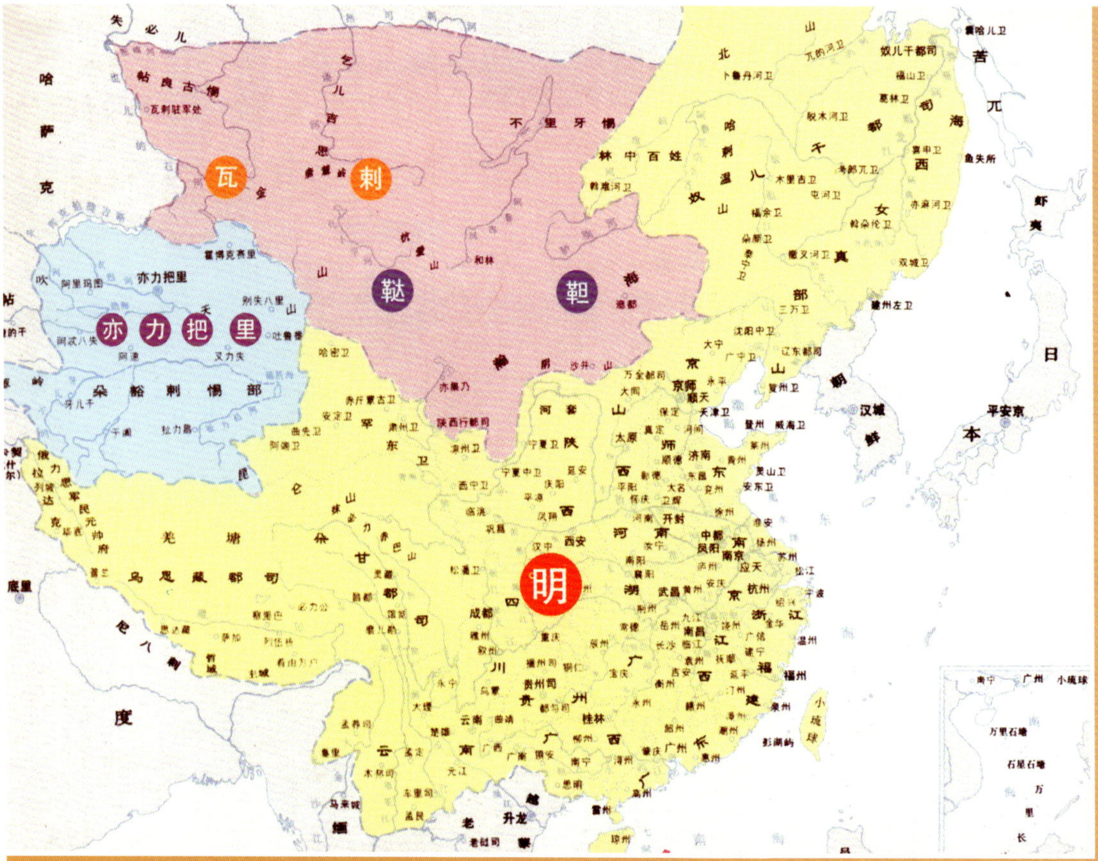

大明全图

明代的对海防御体系

Sea defense system of Ming Dynasty

明太祖朱元璋

明王朝建立之初，对内采取“安养生息”政策，逐渐“仓廪充积，天下太平”；对外开展和平外交，实行全面战略性防御政策，海防建设日益趋于完善。沿海港口险要处设置若干水寨和营堡、烽堠，由水军驻守。平时，水军定期出海巡逻会哨；战时，配合陆军作战，共同御敌。这种水陆兼备、重点守卫，具有一定纵深的海防体系，对抵抗打击外敌海上入侵，起到了强大的威慑作用。

广宁右卫千户所百户之印

明代《出警图》（局部）

明代的对海防御体系比较严密。它由海上巡逻警戒、港岸观察报警和陆上防御系统组成。沿海卫所设立水寨，配备战船；港岸设巡检司、烽堠、墩台、塘铺；陆上的卫、所、寨、堡均有城池和防御设施，互为犄角，相互支援，连成一个防御整体，且具有一定的纵深。如遇敌从海上来犯，先御之于海，继击之于岸，海陆配合，歼灭入侵之敌。

明代《出警图》（局部）

明代的对海防御体系

Sea defense system of Ming Dynasty

明代的对海防御体系

Sea defense system of Ming Dynasty

《九边图》

为防御北方蒙古贵族军队的袭扰，自明初起，明军在东起鸭绿江、西至嘉峪关的数千里北部边疆上，设立了9个边防重镇及数百个驻军据点，形成一条有宽大纵深的防御地带，称为“九边”。同时，为防御倭寇的侵袭，明朝廷在北起山东、南至广东的沿海地区广建卫所，屯兵戍守，形成了海上巡逻、陆上警戒和城池防守的完整海防体系。

禾屯吉卫指挥使司印

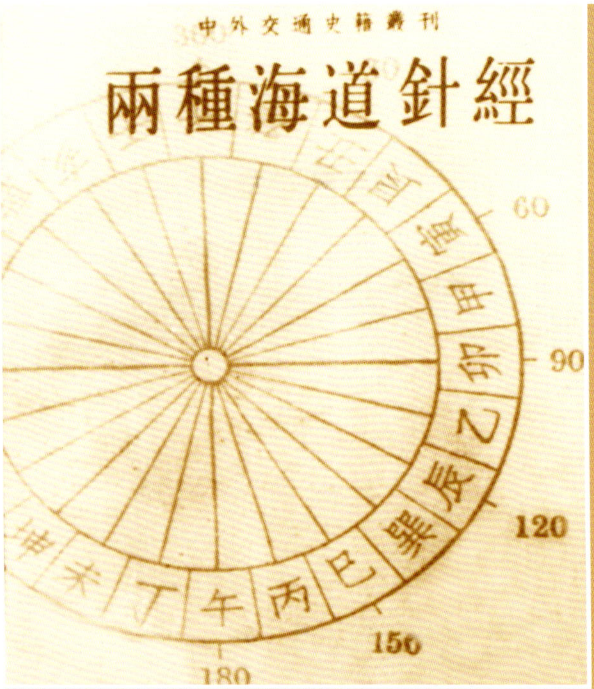

明代罗盘

明代的航海

Navigation in the Ming Dynasty

明代出现了我国古代航海发展的第三个高峰。在元代的基础上，明代的航海业加速发展，进入鼎盛时期。物标导航、罗经指向、天文定位、计程计时等先进技术已在航海中综合使用。而远洋船队规模之大、航行范围之广、航海技术之先进，在当时世界上无可匹敌。

过洋牵星图

明代《天工开物》中的关于打造铁锚的插图

明代铁锚

明代战船

明代初期，船舶的建造技术和建造能力，均发展到空前的水平。建造的船舶数量多、吨位大、性能好，帆技术臻于完善。而明代战船种类之繁多，仅见诸文献的就有30多种。

史籍中记载的明代各型水军战船

明代水军的战船

Warships in the Ming Dynasty

神火飞鸦

飞空击贼震天雷炮

群豹横奔箭(多发齐射火箭)

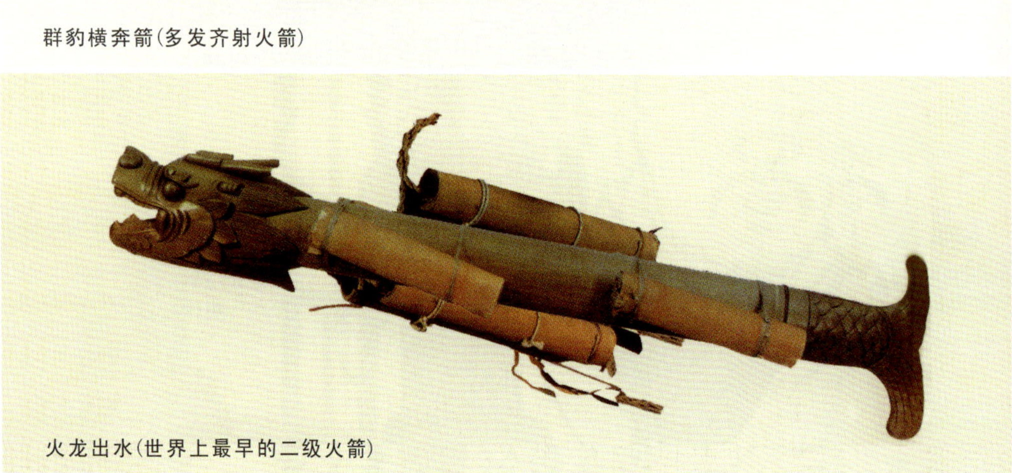

火龙出水(世界上最早的二级火箭)

中国古代海军的兵器，在北宋以前全部是冷兵器。北宋以后，则是火器与冷兵器并存。西夏出现了世界上最早的铜火炮；元代，火器继续发展，到14世纪中叶，金属管形火器已普遍应用。

明代火器的发展，在我国历史上是空前的，尤其是管形火器、火箭、爆炸性火器发展很快。就明代水军来说，火器已普遍装备战船。

火龙出水

火箭

明代的水军兵器

Marine weapon of the Ming Dynasty

“一窝蜂”多发火箭

铜手铳

明洪武十年铜火铳

明洪武五年碗口铳

蒺藜火球

霹雳火球

明代的水军兵器
Marine weapon of the Ming Dynasty

明代在抗倭斗争中，为封锁沿海港口、阻截敌人登陆，发明并使用了各种水雷。

水底龙王炮(定时悬浮式水雷)

大明

《大明舰队》油画

明代海军与造船业、航海业同步发展，达到了中国古代海军发展的顶峰。郑和七下西洋就是一个典型的例证。

英国学者李约瑟称公元1420年前后的明代，是中国航海史和中国古代海军史上的“黄金时代”。他说：“明代海军在历史上可能比任何亚洲国家都出色，甚至同时代的任何欧洲国家，以至所有欧洲国家联合起来，可以说都无法与明代海军相提并论。”

海军的强弱同国家的盛衰息息相关。没有雄厚的国力，没有明确而坚定的海权思想，就不可能建立起强大的海军；没有强大的海军，就不可能促进和保卫国家的强盛。中国古代海军史雄辩地证明了这个真理。

《中华之光》浮雕

永乐皇帝像

明南都繁会图卷（局部）

明成祖朱棣是一位雄才大略的君主，他既奉行朱元璋的战略性防御政策，又不满足于闭关自守的状态。作为“天朝大国”的皇帝，他要“耀兵异域，示中国富强”、“居中夏而治四方”。为此，需要加强同海外各国的政治经济联系和军事交往。于是，这一时期的水军便在国家雄厚经济实力的基础上，发展和壮大起来了。

郑和舟师七下西洋

Zheng He's Seven Expedition to the Western Oceans

郑和航线图

郑和雕像

明永乐三年到宣德八年（1405年～1433年），郑和率领当时世界上最庞大的舰队七下西洋。

郑和第一次远航有“宝船”62艘，加上其他海舰255艘，共317艘，载官兵商民27000多人。这支船队先后出驶南洋、中东和非洲，穿越中国南海诸岛，环航爪哇和苏门答腊，西出马六甲海峡，横渡印度洋，周游波斯湾和红海，最远抵达非洲东海岸的索马里、肯尼亚和马达加斯加，遍历37个国家和地区。七下西洋的总航程7万海里以上，相当于环绕地球航行3周多，在人类迈向海洋的庄严史诗中谱写了空前辉煌的篇章。

郑和航海图

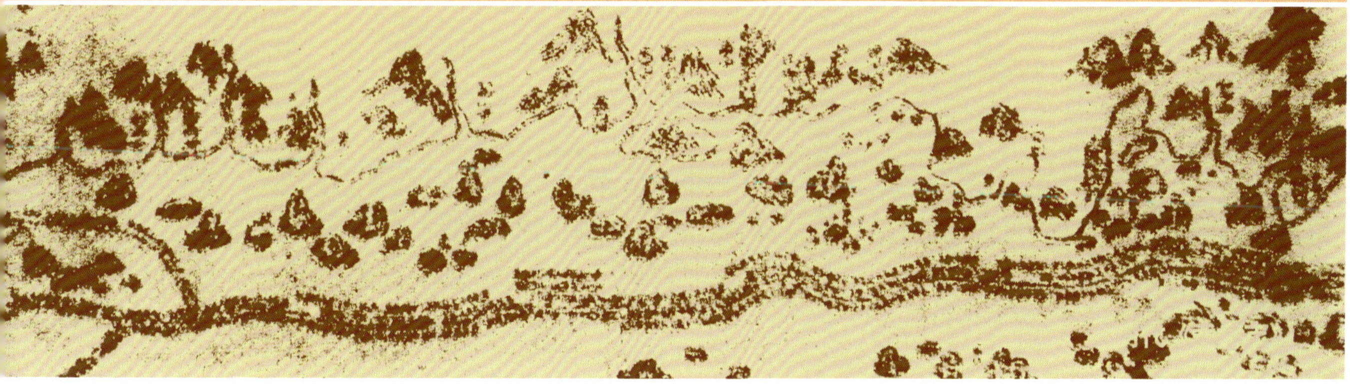

郑和舟师七下西洋

Zheng He's Seven Expedition to the Western Ocea

郑和把大明王朝的铁锚抛扎在诸洋沿岸的港湾，也把中华古代文明种在了风情万种的异域。他忠实地执行“以德睦邻”、“厚往薄来”的“宣德化而柔远人”的外交政策，致力于弘扬中华礼教和儒家思想、历法和度量衡制度、农业技术、制造技术、手工艺、建筑雕刻技术、医术、航海造船技术等，肩负起“宣教化于海外诸番国，导以礼仪，变其夷习”、“与天下共享太平之福”的重任。

西洋記

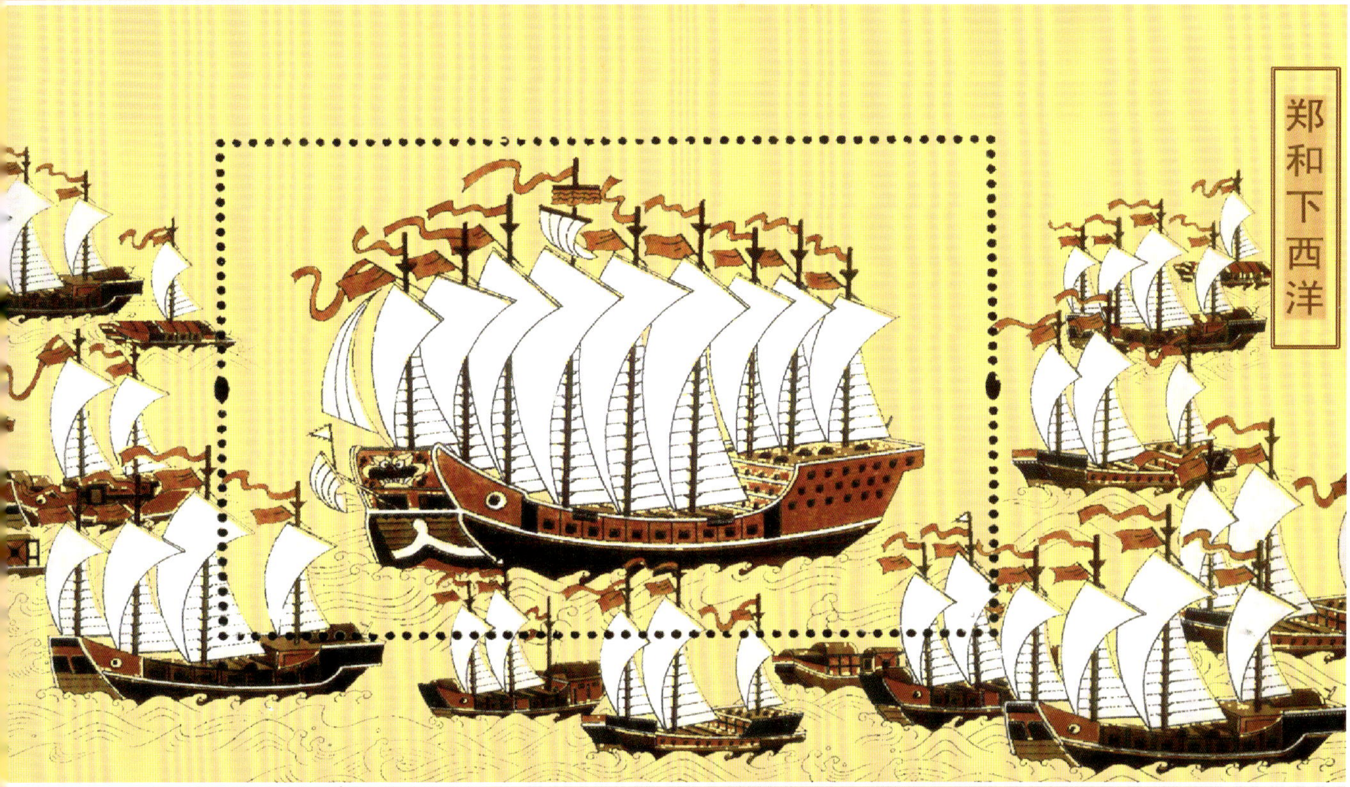

郑和七下西洋，历时28年。1414年，郑和船队第4次出航驶越印度洋到达非洲东海岸，是世界上有史籍记载的首次跨洋航行，要比哥伦布发现新大陆的大西洋之行早78年，比达·伽马绕过好望角抵达印度早85年，比麦哲伦完成环球航行早108年。当时绘制的《郑和航海图》是世界上现存最早的一部航海图集。郑和船队采用的“罗盘定向”和“牵星过洋”等航海技术，开天文导航之先河。郑和的“宝船”在当时也是举世无双的，1492年横渡大西洋到达美洲的哥伦布船队，最大的旗舰“圣玛丽亚”号，不过250吨，仅为郑和宝船的十分之一；1519年进行环球航行的麦哲伦船队的5艘帆船，加起来的总吨位也不过是郑和船队一艘宝船的五分之一。这一切都表明当时中国的远洋航海技术和造船技术都居于世界领先地位。

郑和舟师七下西洋

Zheng He's Seven Expedition to the Western Oceans

郑和舟师七下西洋

Zheng He's Seven Expedition to the Western Oceans

郑和每次远航，都是万人出征、百舸齐发，场面之壮观固然令人称叹，但郑和之帆所绽放的智慧之光更令人称奇。

造船技术和航海技术涉及结构力学、流体力学、磁力学、工程学、数学、天文学、地理学、地质学、海洋学、气象学、生物学、医学等多门学科，代表了科技领域的最高成就。

郑和宝船从结构到技巧无一不闪烁着智慧的灵光，令欧洲造船业难以望其项背。

宝船又称“取宝之船”。明朝廷赏赐给各番国的珍品和从西洋取来的宝物，均由宝船运载，故得名。宝船多系南京龙江船厂建造。据《龙江船厂志》卷三·官司志记载：“唯龙江则肇自洪武初年，专为战舰而设也。”可见，宝船是一种战舰。其中最大的宝船长44丈（约合137米），宽18丈（约合56米），最大排水量14800吨，载重7000吨，九桅十二帆，一只锚重数千斤。驾驶这种宝船，单操纵篷、帆、锚、舵就要两三百人，加上战斗人员，全船达1000多人。但宝船体积大，机动困难，主要用作使团官员的坐舰和舟师的指挥舰。

帅
帅
帅

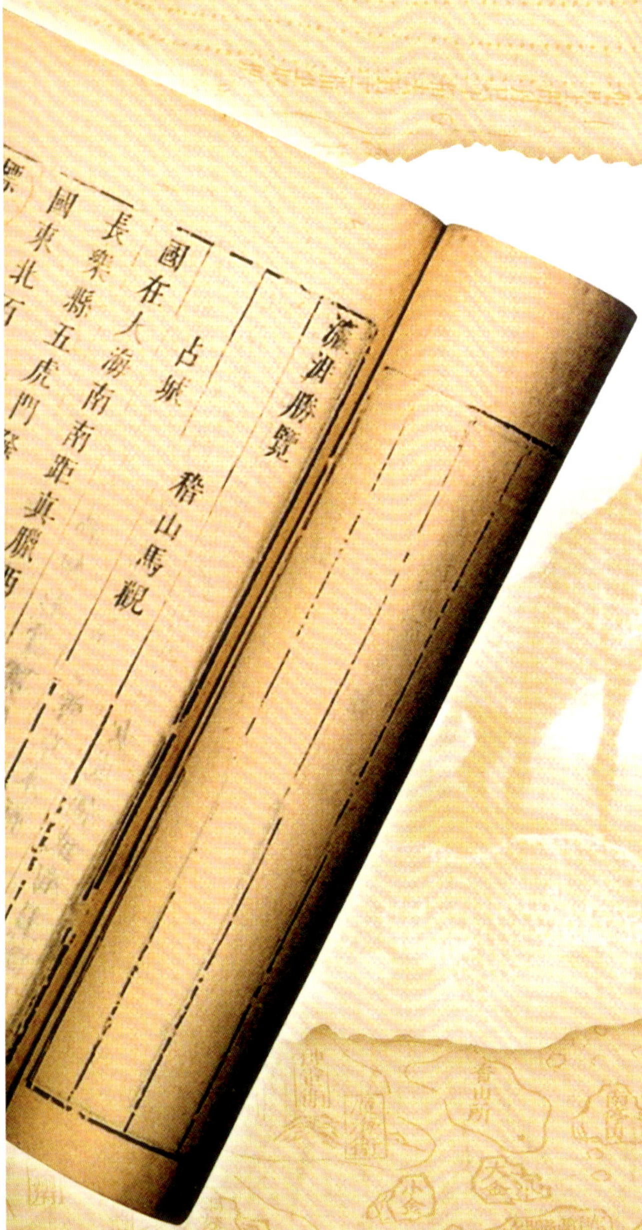

大明王朝表现出泱泱大国的风范和博爱仁慈的胸怀，以和为贵、广施博予，照顾各方利益，协调多边关系，既树立中国权威，又不伤及各国利益，远近岛屿一样亲近，大小国家一律平等，各种宗教和平共处，多个民族相互依存。他们以和合文化安抚各邦，以儒家礼仪教化四邻，以强大的海上武力震慑兴风作浪者，文宣武备，恩威并重，纵横捭阖，游刃有余，维持国际秩序、维护诸国稳定、保障海上安全，促进了世界和平与稳定。

郑和宝船上满载的是精美的金银、丝绸、瓷器、漆器、铁器、金幡、香炉、香油、中药、茶叶、食物、家畜、植物等礼物，以及操有各种手艺的能工巧匠、精通各种语言的翻译和佛教、伊斯兰教人士。沿途各国人民惊奇而热烈地迎接着这些来自昌明隆盛之邦、诗礼簪缨之族、穿着长衫彬彬有礼的使臣。郑和船队走到哪里，就把哪里变成海洋的节日和节日的海洋。

郑和舟师七下西洋

Zheng He's Seven Expedition to the Western Oceans

Hong Kong, China
中國香港
$1.40
鄭和下西洋600周年
The 600th Anniversary of Zheng He's Maritime Expeditions
2005

郑和航海图(局部)

鼎盛时期

郑和舟师七下西洋

Zheng He's Seven Expedition to the Western Oceans

郑和庞大的木船编队，能够在洪涛接天、巨浪如山的大海上，“云帆高张、昼夜星驰”，不能不说是航海史上的奇迹，他们运用中国人自己发明的指南针，通过星辰定位，精确引航；他们采用昼行认旗，夜行认灯等方式，实现船舶间的联络、调度；他们绘制出标有530多个城市、岛屿、航海标志、滩、礁、山脉和航路名称的《郑和航海图》，准确、形象、丰富、完整，是世界上现存最早的航海图集，成为包括亨利王子、哥伦布、麦哲伦、达·伽马等航海家竞相秘密寻找的资料……智慧之光，照亮了沉沉夜幄。

海路迢迢，水天茫茫，荒岛暗瞧、冰川海沟、漩流风暴无数，可谓危机四伏、险象环生。云谲波诡中不会没有桅断桨裂之苦，风蚀浪损中不会没有折戟沉沙之灾，但郑和不畏艰险、百折不挠，表现出非凡的胸怀与气魄、超人的胆识与勇气、卓越的才能和智慧，以他的勤劳、勇敢和聪明，完成了一个人对国家的贡献、一个民族对人类历史的贡献。征帆如碑，浓缩了中华民族的精华，伫立在五千年如铁的长风中，雄峙瀚海600年。

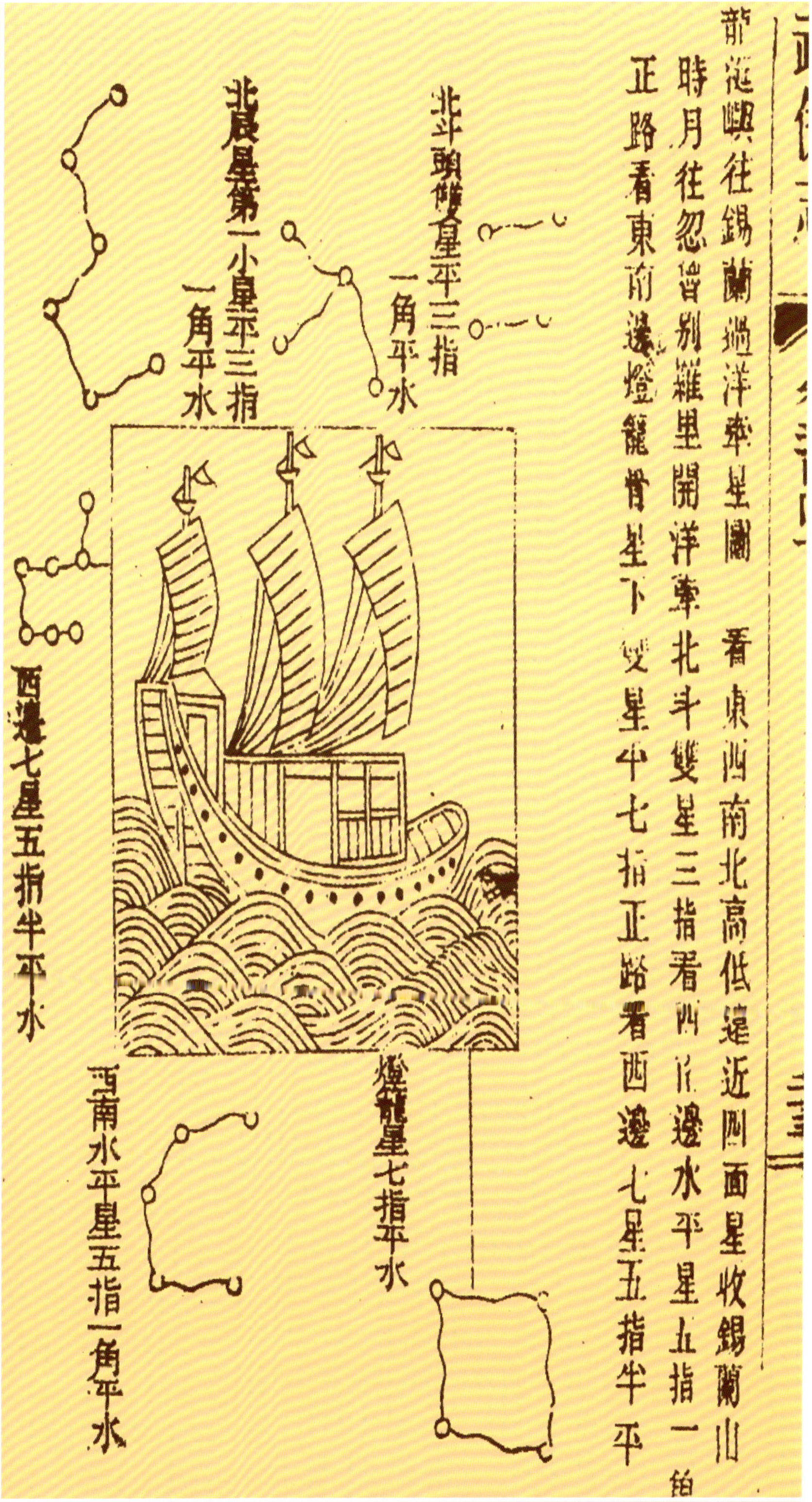

龙涎屿往锡兰山过洋牵星图

《郑和下西洋》油画

《海上丝路》国画

绘有海船图案的中国瓷器

明代永乐年间的瓷器

郑和舟师七下西洋

Zheng He's Seven Expedition to the Western Oceans

传播中华礼仪，普洒文明雨露，使郑和赢得了声望和爱戴。东南亚一些国家的人民到处为这位中国的“和平之神”、形象大使建庙竖碑，冠以“三宝”之名的庙宇、山城、街道、港口、宫殿、水井、石碑、禅寺，遍布各岛。人们不会为强盗树碑立传，只有和平的使者，才能享此殊荣！

郑和舟师七下西洋

Zheng He's Seven Expedition to the Western Oceans

沿着郑和开辟的友谊之路，诸国君主使臣纷至沓来，献贡礼拜，形成“万邦来朝”的盛景。朱棣在位22年，亚非国家使节来华318次，平均每年15次。文莱、满剌加、苏禄、古麻剌朗4个国家先后有7位国王亲自率团前来，最多一次有18个国家的朝贡使团同时来华。

《碧海丝桥》漆壁画

郑和船队浩浩荡荡驶达东非海岸，当地的土著居民折服于雄伟的海船、华美的服饰和耀眼的瓷器，如同对待神灵一般欢迎郑和船队。

欽差總兵太監鄭和前往
西洋忽魯謨厮等国公
幹永樂十五年五月十
六日於此行香望靈
聖庇祐鎮撫蒲和日記立

福建泉州的郑和行香碑。郑和第五次下西洋时曾在此处行香，祈求上天保佑船队平安返航。

哥伦布发现新大陆航船与郑和宝船比较图

无论是哥伦布、达·伽马还是麦哲伦，他们的航船都无法与郑和宝船相提并论。

郑和舟师七下西洋

Zheng He's Seven Expedition to the Western Oceans

郑和是一位勇敢而伟大的蹈海者。他的前面，只有几位摸索着海岸线前行的航海家；他的身后，近一个世纪才有哥伦布、迪亚斯、达·伽马、麦哲伦、库克等人的帆影。但郑和船队六下西洋返航后的明朝后期，灾害连连，国库空虚、民生凋敝，明朝廷便下达了不准郑和远航的“禁航令”。这种保守做法，不但阻滞了日益兴旺的海上贸易，更直接滋生和助长了闭关锁国的政治主张。在朝野舆论的压力下，郑和近十年风帆未启。

100年前，梁启超先生长叹：“哥伦布以后，有无量数之哥伦布，达·伽马以后，有无量数之达·伽马，而我则郑和以后，竟无第二之郑和。”

郑和的征帆落下，开放的帷幕也訇然以降。自明朝中叶到鸦片战争，中华民族上演了闭关锁国300多年的闹剧，也上演了割地赔款、屈膝求和、丧权辱国的悲剧。

郑和下西洋87年之后，意大利人哥伦布于1492年横渡大西洋，到达被他误认为是亚洲岛屿的美洲新大陆；92年之后，葡萄牙人达·伽马于1497年绕过非洲南端的好望角，沿着郑和当年开辟的航线抵达印度西海岸；116年之后，葡萄牙人麦哲伦穿越大西洋与太平洋之间的后来以他的名字命名的“麦哲伦海峡”。郑和以率先近一个世纪的脚步，领跑了世界航海探险活动。

戚家军水师平倭寇

Qi Jiguang's Navy defeated Japanese pirates

《滩涂激战·戚继光横屿抗倭》油画

明代开始，来自海上的入侵逐渐增多。明嘉靖年间（1522年～1566年），政治腐败，国力衰微，海防日益松弛。垂涎中国已久的日本统治者纠集武士、商人和海盗，不断侵扰我沿海地区，以沿海岛屿为巢穴，武装走私，奸淫掳掠，无恶不作，被我沿海居民称为“倭寇”。

明军在戚继光、俞大猷等爱国将领率领下，艰苦抗战，给倭寇以沉重的打击，最终大获全胜。

戚继光雕像

戚家军水师平倭寇

Qi Jiguang's Navy defeated Japanese pirates

戚继光像

俞大猷像

明朝廷委任戚继光为参将，将其从山东调往东南沿海平定倭寇。戚继光到任后，招募兵员两万人，严格训练出一支抗倭的“戚家军”，同时督造战船，扩大了水师实力。

戚家军屡战屡捷，最著名的是台州大捷和横屿大捷。

1562年5月10日，倭寇进犯浙江沿海地区。戚家军与敌接战，一举歼敌300余人。5月18日，戚继光又在处州布阵，以少胜多，歼敌2000余人。紧接着，戚家军又在台州地区连战连捷，歼敌5000多人，救出百姓10000多人。江浙沿海地区的倭寇在戚家军的打击下，被迫转移到福建沿海。

1562年8月，戚继光挥师援闽。当时，福建宁德横屿岛是倭寇的重要巢穴，小岛与海岸之间是浅海，涨潮一片汪洋，退潮时变为泥沼。为攻克横屿，戚继光命令士兵在退潮时边进攻边向前铺草，大部队沿着“草路”冲锋，一举攻克横屿。

在戚继光剿寇的同时，另一位抗倭名将俞大猷也鏖战于福建、广东沿海。到1566年，终于平定了猖獗达200多年的倭寇之患，恢复了海疆的安宁。

警钟

平远台遗址

横屿大捷遗址

水师是戚家军不可分割的一部分，它或者单独执行任务，或者配合陆上作战。单独执行任务，主要是在海上巡逻，围击或追歼敌人；配合陆上作战，主要是协同陆兵对敌构成四面包围，歼灭逃入海中的倭寇和运送陆兵渡海登陆。

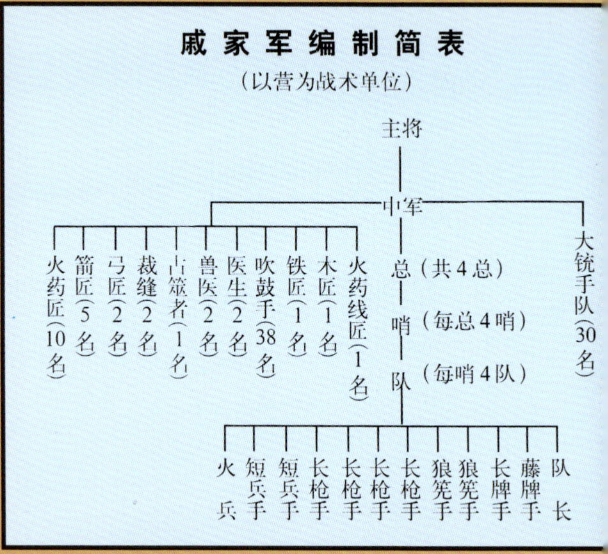

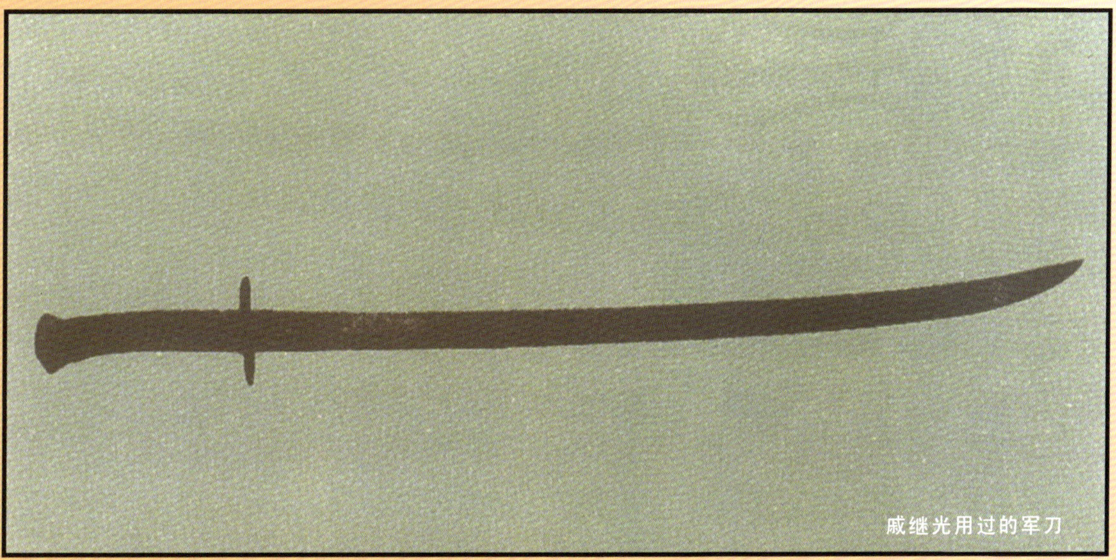
戚继光用过的军刀

戚继光建于蓬莱的水城

戚家军水师平倭寇

Qi Jiguang's Navy defeated Japanese pirates

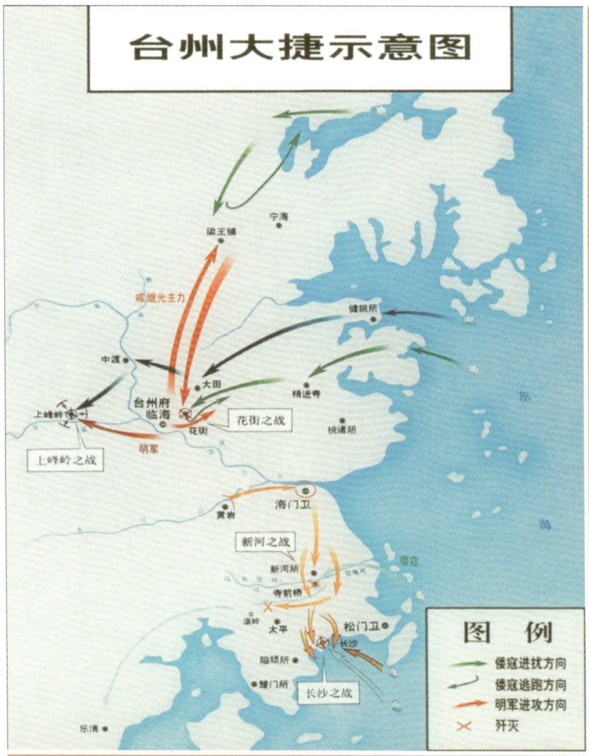

1563年，福州百姓为纪念戚继光抗倭所建的“平远台”

1561年，参将戚继光率领戚家军在台州（今浙江临海）附近的新河、花街、上峰岭、长沙等地连续9次击败倭寇，史称“台州大捷”。

《明军抗倭图》局部

戚家军水师平倭寇

Qi Jiguang's Navy defeated Japanese pirates

戚继光以岳家军“冻死不拆屋，饿死不掳掠”为榜样教育部属。戚家军水师的战场纪律尤为严格，战船“退缩后至者，斩其捕盗；船行迟曲后到者，斩其捕盗、舵工；遇浅者，斩其扳招手；船虽先到而不直射贼船，傍边擦过者，斩其舵工、缭手；使风不正者，斩其舵工、缭手；如已使逼贼舟，相并不能成功，致贼舟复走者，斩其捕盗、各甲长。”

戚继光治军，赏罚严明。他以通俗的文字将各种号令刊出、教习，使人人易于记诵和执行。并要求军官“件件苦处要当身先”，与士兵同滋味，务使“兵民相体”，万众一心。

《横屿大捷》油画

《则克录》又名《火攻契要》

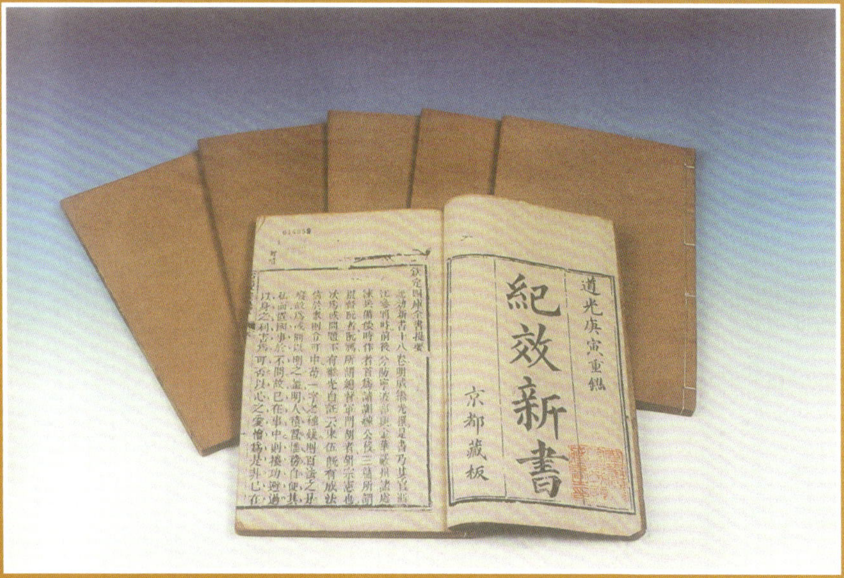

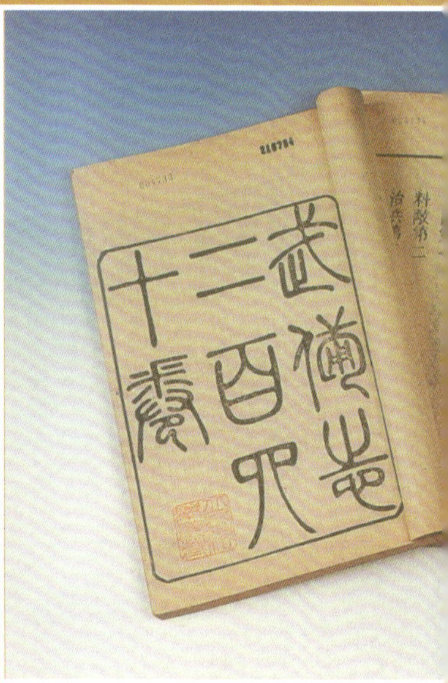

《纪效新书》

戚继光在繁忙的军务之中，抽空写作军事著作和诗文。出身于武举的将领，大半生都在戎马倥偬之中，能够写出这些作品堪称出类拔萃。

《筹海图编》

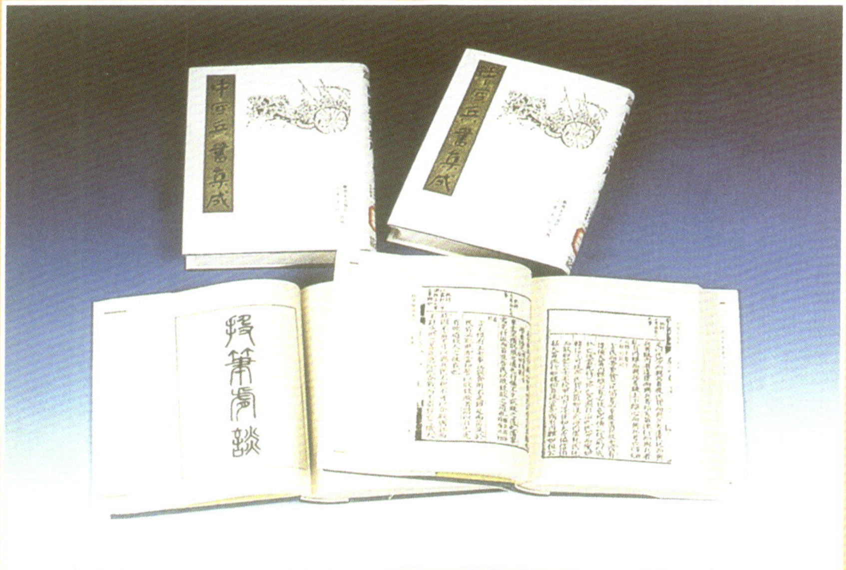

《投笔肤谈》

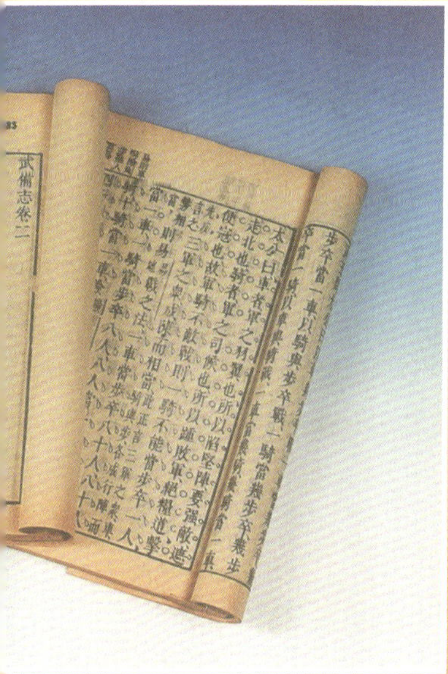

《读史方舆》

《登坛必究》

戚家军水师平倭寇

Qi Jiguang's Navy defeated Japanese pirates

父子总督牌坊

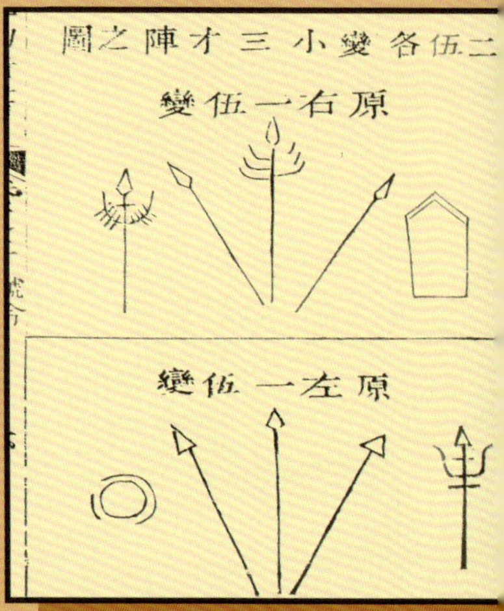

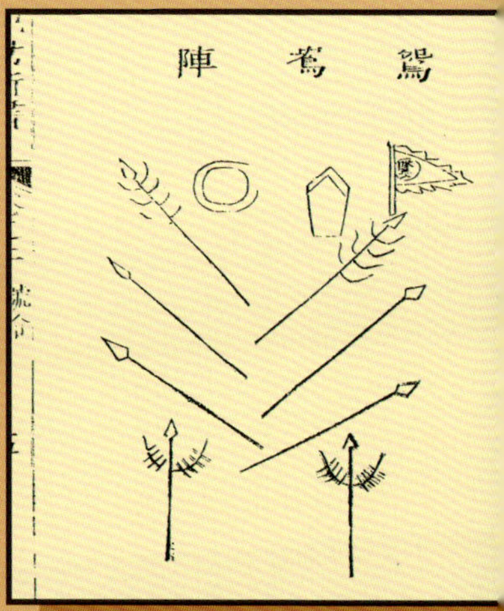

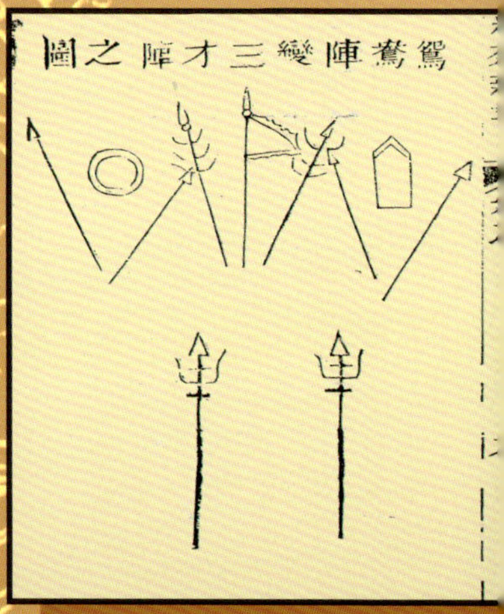

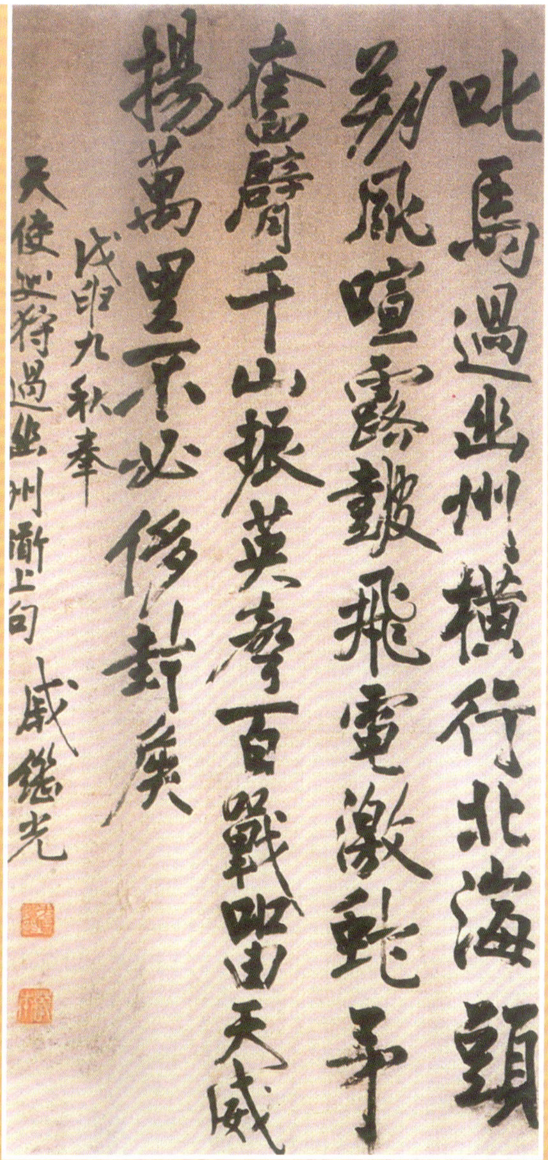

戚继光手迹

戚继光在山海关老龙头题写的“天开海岳”石碑

戚家军水师平倭寇

Qi Jiguang's Navy defeated Japanese pirates

中朝水军同歼日寇

Chinese and North Korea navies collaboratively annihilated the Japanese aggressors

1582年，日本首相丰臣秀吉派遣军队20万人、战船几百艘，妄图吞并朝鲜，继而进攻中国。日军在朝鲜南部的釜山登陆，接连攻占了汉城和平壤。

明朝廷应朝鲜国王的请求，于1593年派李如松率兵援朝参战，与朝鲜军队共同打败了日本的精锐部队，收复了失地。

1597年，丰臣秀吉又派兵14万人再度进犯朝鲜。明援军和朝鲜军猛烈反击，再次把日军压制到釜山附近。第二年，丰臣秀吉病死，日军仓皇撤退，明援军在水军提督陈璘与副将邓子龙指挥下，和朝鲜名将李舜臣率领的海军在朝鲜露梁海域与日本海军大决战，击沉日战船450艘，消灭日军15000人；日本海军几乎全部被歼。

李舜臣像

平壤城西门遗址

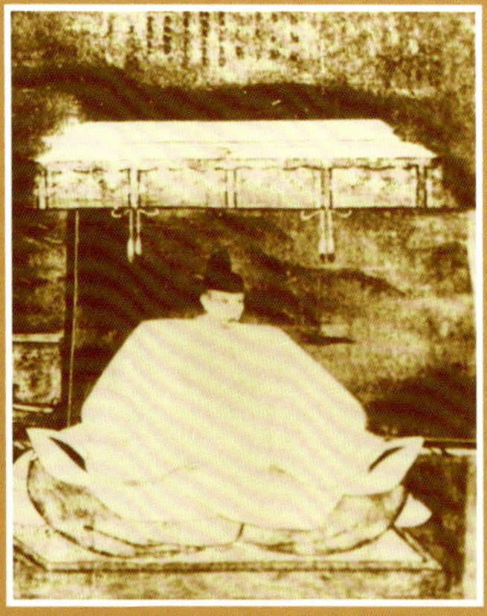

丰臣秀吉像

露梁海战地理位置图

龟船。朝鲜水军统制李舜臣改制，可四面发射火炮，防护力、机动性较强。中朝水军在露梁海战中，曾以这种船参战，打败了日军。

郑成功，福建南安人（*1624* 年～*1662*年）

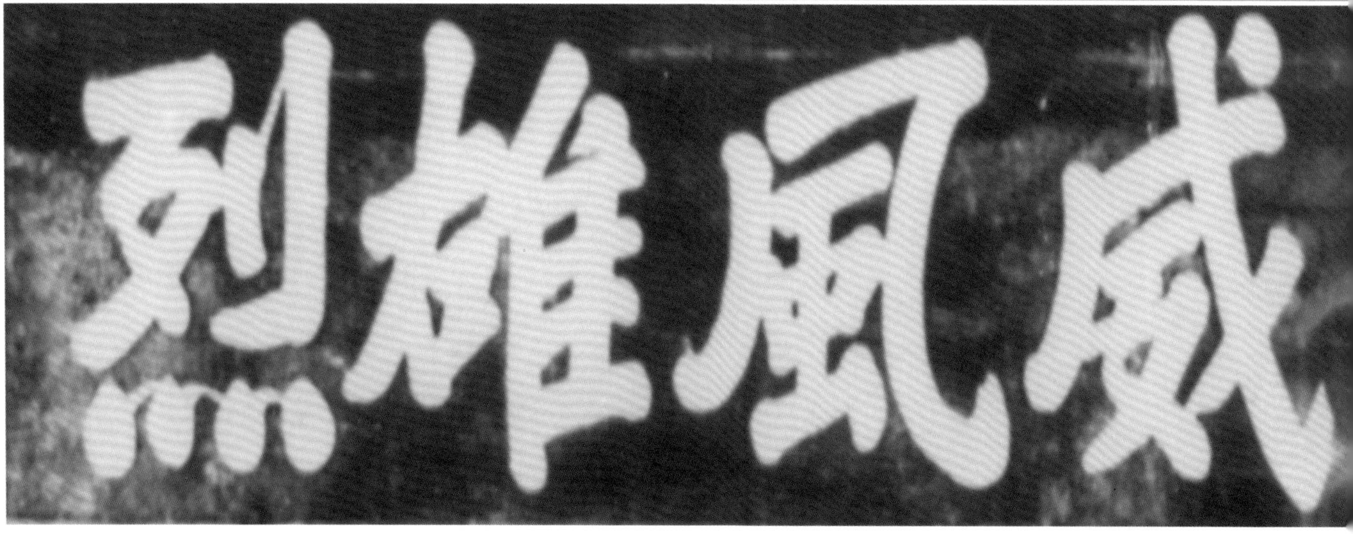

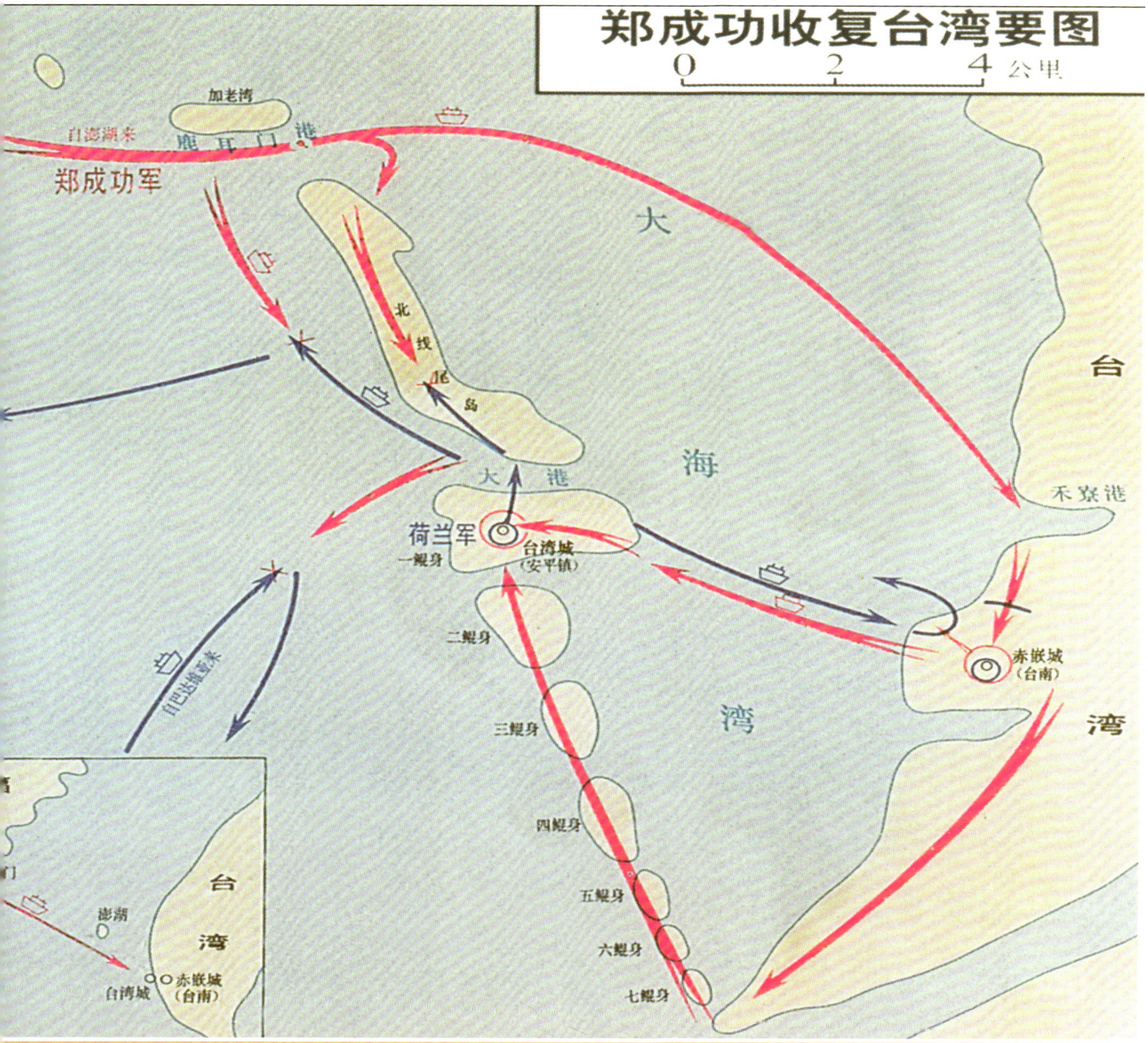

郑成功是我国历史上著名的民族英雄。郑成功原名郑森，字大木。其父郑芝龙当过海盗，后被明政府招降，成为明军将领，曾抵抗过入侵福建海域的荷兰殖民者。清军进入福建时，郑芝龙打算降清，但郑成功毅然走上坚决抗清的道路。

郑成功收复台湾

Zheng Chenggong recaptured Taiwan

郑成功雕像

郑成功厦门营寨遗址

郑成功水军用过的藤盾牌

水陆围攻热兰遮图

北线雄师压境图

郑成功收复台湾

Zheng Chenggong recaptured Taiwan

郑成功十分重视水军建设，拥有一支实力强大的水军，配套建造的战船有300余艘，计有大熕船、水艍船、犁缯船、沙船、鸟尾船、乌龙船、铳船、快哨船等8种。大熕船和水艍船是参照福船和西洋夹板船式样制造的，吃水一丈二尺，容兵500名。船上设楼橹，以铁叶包裹；外挂革帘，中凿风门，以施炮弩；其旁设一水轮，踏轮前进，不怕风浪。犁缯船和沙船吃水七八尺。以上4种战船都高大坚固，装备铜制大熕炮和百子炮等重武器，是水军的主力战船。

郑成功使用的军刀

郑成功水军使用的炸药瓶

《驱逐荷虏》油画

台湾城，今台湾省台南市安平镇

赤嵌城，今台湾省台南市境内

郑成功收复台湾

Zheng Chenggong recaptured Taiwan

台湾自古以来就是中国的领土。明万历年间，官府文告正式使用“台湾”一词。17世纪初叶，荷兰侵略军霸占台湾。明崇祯六年（1633年），明军抗击荷军取得重大胜利。后来，明朝灭亡，清朝新立，荷兰殖民者借中国国内政局动荡之机，卷土重来。

郑成功组建了一支强大的水军，活跃在东南沿海和长江下游。清顺治十六年（1659年），郑成功在南京作战失利后，为取得抗清基地，决心挥师渡海东征，驱逐荷虏，收复台湾。

1661年 3 月21日，郑成功率军25000人、战船数百艘，从金门渡海，进攻台湾。30日午后，郑成功巧妙地渡过了荷兰人未设防的水道，包围了荷兰人防守的赤嵌城，击沉荷兰人的主力舰，在台湾登陆。荷军多次反扑均遭失败，于次年 2 月 1 日宣布投降。至此，沦陷38年的台湾重新回到祖国的怀抱。

郑成功水军所创立的赫赫战功，将永远镌刻在中华民族的光辉史册上。

荷兰殖民者投降书
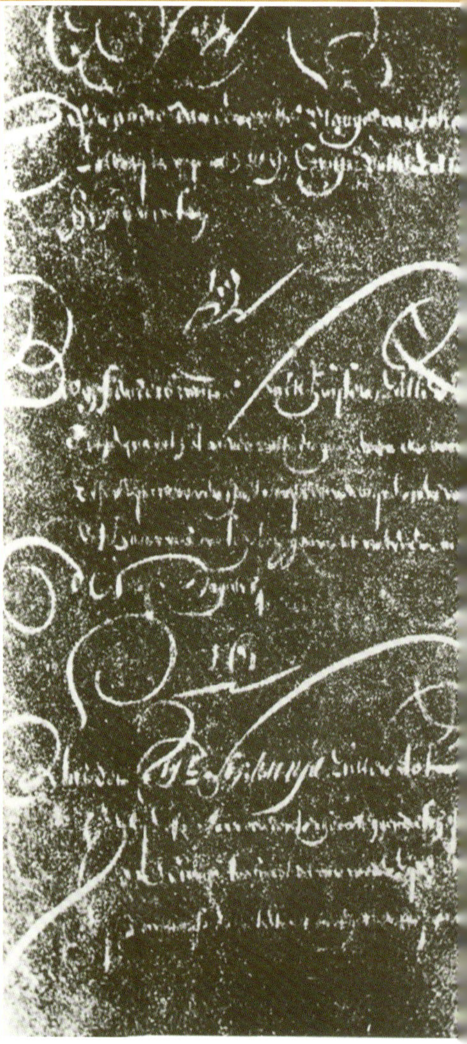

台湾鹿耳门

荷兰殖民者投降图

《郑成功收复台湾》油画

鄭

《普天同庆》油画

The Qing Dynasty is the last feudal and autocratic state power in Chinese history. When it seized regime, duing to the relatively stable internal condition, large-scale alien invasion did not occur, so its navy-building was all along standstill. In the worldwide navy development wave, the once considerably powerful Chinese navy, was left behind by the British, the United States and other capitalist countries.

中国古代海军的停滞时期

清王朝是中国历史上最后一个封建专制的国家政权。夺取政权后，由于国内局势相对稳定，大规模外族入侵还未发生，水师建设便处于停滞状态。在世界发展海军的浪潮中，曾经相当强大的中国海军落伍了，被英、美等资本主义国家远远抛在了后边。

清初巩固统一的战争

The early Qing Dynasty,the war of consolidation and unification

清王朝是一个从马背上走来的由满族王公贵族掌握政权的封建王朝。为维护其统治，清王朝建立了庞大的军队。

岳钟琪画像。岳钟琪四川成都人，清代名将

大清舰队的龙旗

清朝经制兵有八旗和绿营。其水师为内河水师和外海水师。在统一全国的作战中，清军水师起了重要作用，本身也得到了相应的发展。

清军的水师战船和兵器

Warships and weaponry of the Qing Dynasty

清军水师编制内有战船、巡船（哨船）、赶缯船、唬船、运船、渡船、塘船（联络船）等军用船舶，种类繁多，但仍是木壳帆船。

清军入关前，主要依靠骑兵击败明军，使用的兵器多为弓箭刀矛。在统一全国和镇压抗清武装的作战中，清军大量使用了火炮。

清代战船

清代战船

代海防铁炮

航行在内河的大清舰队

《康熙南巡图》局部

《治平胜算全书》

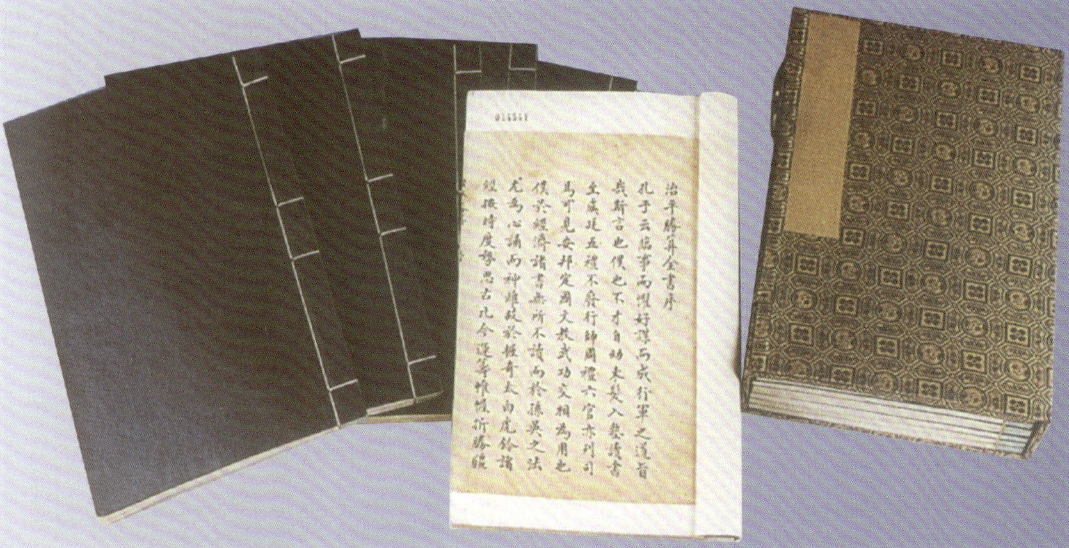

清朝前期，统一战争、反侵略战争、平叛战争、农民起义战争相互交错，军事活动极为频繁，因此造就了一批著名的军事家，诸如郑成功、年羹尧、岳钟琪等人。他们戎马一生，驰骋疆场，创造了不少辉煌战绩，丰富了我国的军事文化宝库。但是，与前代相比，清代在军事思想方面却无大的建树，贡献甚微。

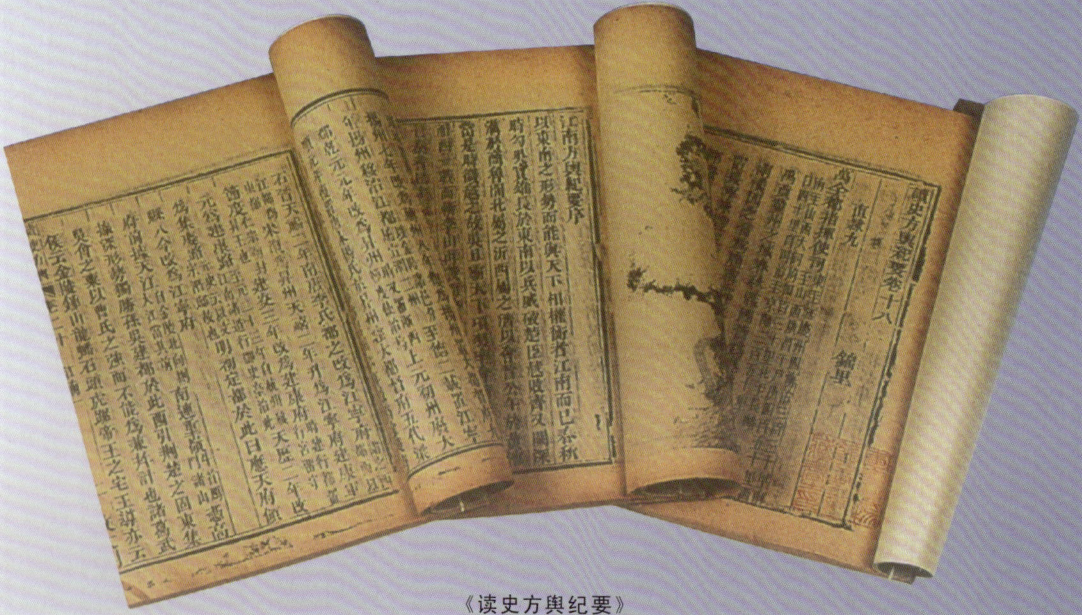

《读史方舆纪要》

清朝前期的军事思想

The military thought in the early Qing Dynasty

年羹尧（画像），清代名将。辑有《治平胜算全书》

澎湖海战

Battle of Penghu Island

1662年，郑成功在收复台湾后不久逝世。郑氏集团从此腐败，成为阻碍祖国统一的割据势力。清朝康熙帝在平定三藩之乱后，进兵台湾。1683年，福建水师提督施琅率战船300艘、官兵20 000人攻打澎湖，一战而克，全歼郑军主力，迫使郑氏集团归顺清朝，完成了祖国的统一。

《澎湖海战》

澎湖海域六月多风，深谙海情的施琅在初战小挫之后，立即抓紧进行再战准备，并不失时机地发起总攻。施琅分兵两路，从东、西方对郑军进行佯动和箝制，主攻方向集中了56艘战船，并以五船合攻一船，逐次歼灭了郑军主力，而清军水师却无一船损失，这在海战史上是不多见的。

康熙像

施琅像

《清史稿·施琅传》载：『治军严整，通阵法，尤善水战，谙海中风候。』

英国使用风帆的蒸汽船“大东”号

闭关锁国导致落后挨打

Closed-door policy leads to backward and taking a beating

英国风帆战船

澎湖海战

Battle of Penghu Island

施琅不仅是一员智勇双全的战将，而且是一位具有远见卓识的政治家。他积极主张早日解决台湾问题，并率兵攻取澎湖、进军台湾，为台湾回归祖国、完成祖国统一大业，立下了不朽的功绩。

施琅《恭陈台湾弃留疏》：“台湾地方，北连吴会，南接粤峤，延袤数千里，山川峻峭，港道纡回，乃江浙闽粤四省之左护。弃之必酿成大祸，留之必永固边圉。”

台湾民众迎接施琅凯旋

施琅坊（为纪念施琅功绩而建于福建同安）

施琅出师地点（福建铜山天后宫）

阵亡将士碑

黑龙江、乌苏里江流域自古以来就是中国的领土。明末清初，沙俄乘机入侵雅克萨，给我国的东北部边防造成极大威胁。康熙二十四年至二十五年（1685年～1686年），清廷两度发兵，彻底击败了沙俄侵略者，迫其退出边界，签订了《尼布楚条约》，基本划定中俄边界，使东北边疆获得比较长久的安定。

雅克萨之战

Jaxa Battle

清实录

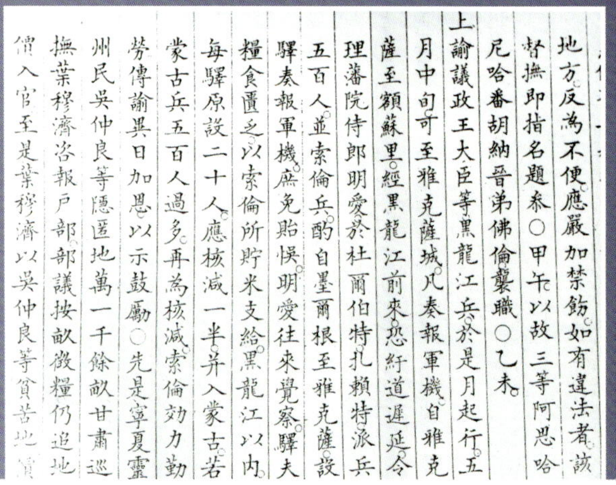

地方反為不便應嚴加禁飭如有違法者該
督撫即指名題參○甲午以故三等阿思哈
尼哈番胡納晉弟佛倫襲職○乙未
上諭議政王大臣等黑龍江兵於是月起行五
月中旬可至雅克薩城凡奏報軍機自雅克
薩至額蘇里經黑龍江前來恐紆道遲延令
理藩院侍郎明愛於杜爾伯特扎賴特派兵
五百人並索倫兵酌自墨爾根至雅克薩設
驛奏報軍機庶免貽悞明愛往來覺察驛夫
糧食匱乏以索倫所貯米支給黑龍江以內
每驛原設二十人應核減一半并入蒙古若
蒙古兵五百人過多再為核減索倫効力勤
勞傳諭異日加恩以示鼓勵○先是寧夏靈
州民吳仲良等隱匿地萬一千餘畝甘肅巡
撫葉穆濟咨報戶部部議按畝徵糧仍追地
價入官至是葉穆濟以吳仲良等貧苦地價

《雅克萨之战》油画

雅克萨攻围图

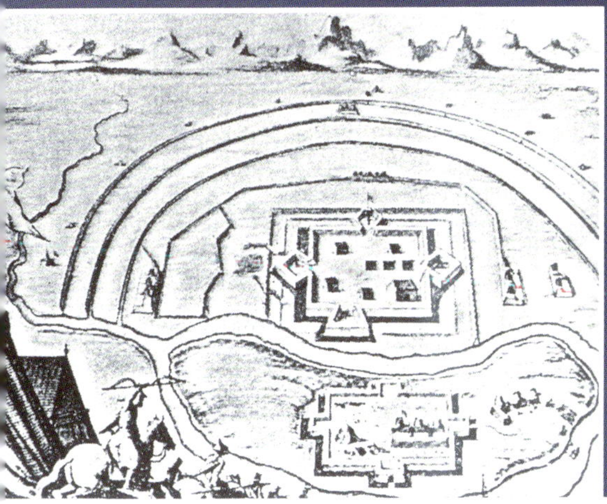

雅克萨抗俄之战要图

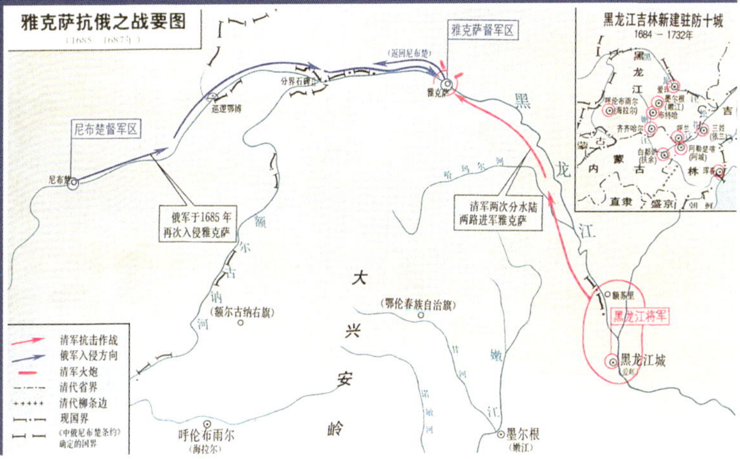

《瑷珲边界卡伦图》收复雅克萨之后，清政府在黑龙江流域和额尔古纳河东岸设立卡伦（哨所），执行警戒。

瑷珲魁星楼。清政府为加强对东北地区的管理，直接指挥雅克萨之战，于1683年设黑龙江将军。瑷珲魁星楼为黑龙江将军所在地。

雅克萨之战中，清军水师充分发挥自己的优势，打出了水师的军威。康熙曾在称赞林兴珠指挥的雅克萨水战时说：“林侯之功，史册未有也。”

雅克萨之战

Jaxa Battle

萨布素画像。萨布素为清代著名军事将领，首任黑龙江将军

清军第二次包围雅克萨

The ancient Chinese navy declined from the mid-16th century to the 19th century. After Taiwan returned to our motherland, frequent wars stopped so that the role and status of the navy descended. Since the mid-term of Kangxi Emperor, Chinese naval system had been slacked. The ancient Chinese navy could't ride the whirlwind all over the world .

中国古代海军的衰落时期

16世纪中叶到19世纪，是中国古代海军的衰落时期。台湾与祖国统一后，频繁的战争停止了，水师的作用和地位也随之降低。自康熙中期以后，国家海防体系逐渐松弛，中国水师从此丧失了叱咤风云的雄姿。

中国水师战船

19世纪，欧洲的产业革命诞生了蒸汽机，西欧许多国家的海军从帆船舰队逐步向蒸汽舰队过渡，进入了近代海军的发展阶段。而当时中国的封建统治者妄自尊大，故步自封，对外采取闭关自守，对内禁止人民出海，海防和海军形同虚设。数百年海禁的结果，使我国的社会经济停滞不前，科学技术落后，国力衰竭，人民贫困。到了1840年鸦片战争时，中国落后的水师根本无法与当时称霸海上的英军舰队相抗衡。

从此，外敌入侵，国门洞开。

闭关锁国导致落后挨打

Closed-door policy leads to backward and taking a beating

1792年，英王任命马戛尔尼为特使，率领600余人的使团，分乘“狮子”号炮舰、“印度斯坦”号货船和“豺狼”号运输船，驶向中国。理由是为大清王朝的乾隆皇帝补祝八十大寿。然而，中国却封闭了向西方开放的大门。马戛尔尼在北京和热河辗转滞留，所有的要求都被乾隆一口回绝。

马戛尔尼将中国风情引入英伦三岛，可以说当时不仅英国而且是整个欧洲都对中国着了迷。英国女王青睐唐人服装，王公贵族乐道满汉全席，皇室宫殿里装饰着中国龙凤呈祥的刺绣织锦，而景德镇的瓷器更成了市场上的抢手货。中国，在西方人眼中是一块“黄金遍地，香料盈野”、令人魂牵梦萦的热土。然而，这时的大清王朝正走向浮华奢靡，像一件表面精致绝伦的花瓶，实质上已经不堪一击！

马戛尔尼途经天津的水彩画

马戛尔尼途经天津的水彩画

马戛尔尼途经天津的水彩画

马戛尔尼途经天津的水彩画

马戛尔尼拜见乾隆皇帝

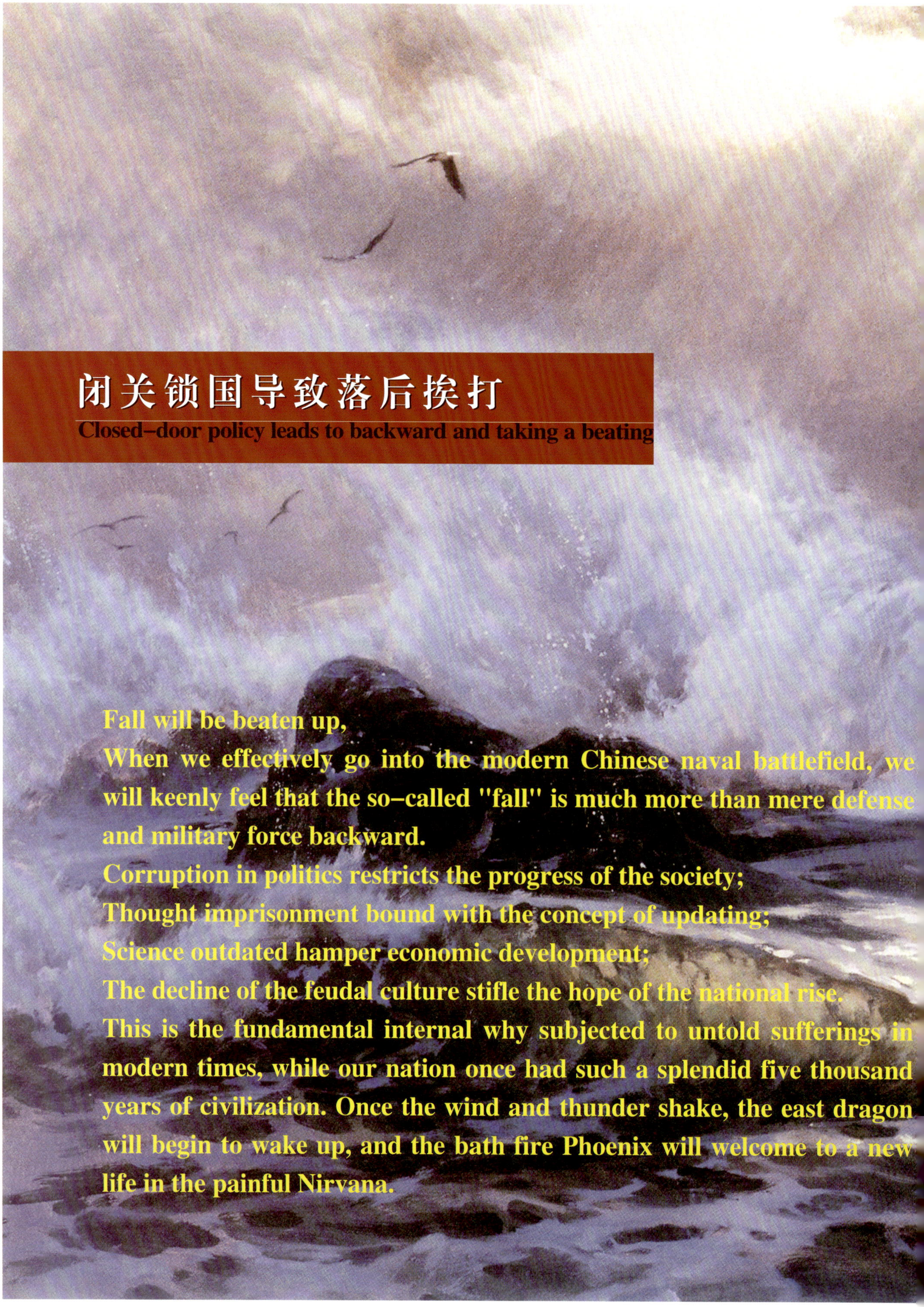

闭关锁国导致落后挨打

Closed-door policy leads to backward and taking a beating

Fall will be beaten up,

When we effectively go into the modern Chinese naval battlefield, we will keenly feel that the so-called "fall" is much more than mere defense and military force backward.

Corruption in politics restricts the progress of the society;

Thought imprisonment bound with the concept of updating;

Science outdated hamper economic development;

The decline of the feudal culture stifle the hope of the national rise.

This is the fundamental internal why subjected to untold sufferings in modern times, while our nation once had such a splendid five thousand years of civilization. Once the wind and thunder shake, the east dragon will begin to wake up, and the bath fire Phoenix will welcome to a new life in the painful Nirvana.

落后，就要挨打。

当我们切实走进中国近代海战场后，我们会痛切地感到，所谓“落后”，绝不仅仅是单纯的国防军事力量的落后。

政治的腐败制约着社会的进步；

思想的禁锢束缚着观念的更新；

科学的落伍阻碍着经济的发展；

封建文化的没落扼杀着民族崛起的希望。

这正是我们这样一个曾经拥有五千年灿烂文明的民族，在近代遭受深重灾难的根本内因。而一旦风雷震动，东方巨龙便开始觉醒，浴火的凤凰便在痛苦的涅槃中迎来新生。

结束语

POSTSCRIPT

《图说中国古代海军》，以翔实的史料，向读者展示了中国古代海军的发展及其历史功绩。

历史，让我们了解中国古代海军曾经是强大的，无论它的规模、武器装备、航海技术还是战略战术，在古代世界上都处于先进行列，因而使古老的中华在大约21个世纪的历史长河中，持续地据有东方海上强国的地位，握有东方海上权利而不衰。这不能不令我们后来人为之自豪！

With detailed and accurate historical materials, "*Pictures Say History of the Ancient Chinese Navy*" demonstrated the development of the ancient Chinese navy and its historical achievements to the readers.

History tells us that the ancient Chinese navy once was powerful and top-ranking in the ancient world, regardless of its scale, weapon and equipment, navigation technology, or in strategy and tactics. Therefore, in about 21 centuries, the ancient China always maintained powcrful position of oriental marine country. It can't help making the descendants feel proud.

图书在版编目（CIP）数据

图说中国古代海军 / 薛龙奎，杨德昌主编. —北京：中国书籍出版社，2013.5

ISBN 978-7-5068-3413-1

Ⅰ. ①图… Ⅱ. ①薛… ②杨… Ⅲ. ①海军－军事史－中国－古代－图解 Ⅳ. ①E291-64

中国版本图书馆CIP数据核字（2013）第063654号

图说中国古代海军

薛龙奎　杨德昌　主编

责任编辑　丁　丽
责任印制　孙马飞　张智勇
封面设计　徐　琳
出版发行　中国书籍出版社
地　　址　北京市丰台区三路居路 97 号（邮编：100073）
电　　话　（010）52257143（总编室）　（010）52257153（发行部）
电子邮箱　chinabp@vip.sina.com
经　　销　全国新华书店
印　　刷　烟台市东风彩印有限公司
开　　本　889 mm × 1194 mm　1 / 16
字　　数　135 千字
印　　张　14.5
版　　次　2013 年 5 月第 1 版　2013 年 5 月第 1 次印刷
书　　号　ISBN 978-7-5068-3413-1
定　　价　260.00 元